INITIATION AU

JARDINAGE AVEC LA LUNE

Morgann Houriez et Frédérique Chevalier

LES BONS GESTES

Un jardinier dans la lune, pas si tête en l'air...

Les températures se réchauffent, le soleil est au rendez-vous, le jardinier peut chausser ses bottes et coiffer son chapeau de paille. Si les conditions semblent propices au binage, semis ou plantations, rien ne présage de la pertinence des travaux effectués en ce jour clément. Rien, sauf peut-être une observation attentive des cycles lunaires.

La lune a déjà prouvé depuis des millénaires son magnétisme sur les marées, voilà que son influence sur les jardins permet au plus petit lopin de terre de produire en quantité et qualité des légumes savoureux. Quand le soleil apporte la chaleur nécessaire au développement du plant, la lune darde ses forces en sous-sol, agissant directement sur l'environnement des plantes. Certains sols s'avèrent plus réceptifs que d'autres au magnétisme de la lune selon le travail qui y a été préalablement effectué. Sa préparation et ses ressources en éléments nutritifs (grâce à l'épandage de compost) assurent la perméabilité de l'environnement aux influences lunaires.

Rendement optimum des récoltes

Afin de s'assurer des récoltes biologiques et un rendement optimum, le recours à tout produit chimique doit être banni car c'est une véritable barrière artificielle empêchant les forces lunaires de pénétrer la terre. Chaque espèce de plante étant gourmande de ressources différentes, une attention particulière doit être portée à la rotation des cultures, d'une à trois années, selon les légumes cultivés sur la parcelle. Le plan du potager établi, les premiers rayons de soleil invitent à écouter les respirations de la lune. Son souffle engage ce matin à la taille des framboisiers, à moins que le buttage des pommes de terre ne soit plus judicieux...

Fleurs, fruits et légumes ont tout à gagner des soins prodigués selon les cycles lunaires.

Le rôle des constellations

Au cours de son voyage stellaire, la Lune est sujette à de multiples influences. Celle des constellations se reflète sur les plantations. Sachez donc les reconnaître car chaque élément apporte des bienfaits spécifiques.

Chaque mois, au cours d'une lunaison de 27 jours, la Lune opère une révolution autour de la Terre, croisant sur sa trajectoire les douze constellations du zodiaque. Chacune d'entre elles confère à la Lune des forces singulières influant tour à tour sur les racines, les fruits, les fleurs et les feuilles. Réparties en quatre familles d'élément, la terre, le feu, l'air et l'eau, les constellations transmettent à la Lune un magnétisme singulier, selon leur place dans le cosmos. Les quatre éléments agissent pendant quelques heures avec davantage de force sur certaines parties des plants du potager et du jardin. Il faut alors leur dispenser les soins prompts à une croissance sereine. Cela garantira ainsi les atouts nutritifs et gustatifs des légumes une fois venu le temps des récoltes et permettra une meilleure conservation des plantes fleuries.

À chacun son élément

Les heures et jours de passage de la Lune devant ces régions du zodiaque ont des durées variables, selon la taille des constellations. Les moments propices à la plantation et l'entretien de certains légumes oscillent de 24 à 72 heures. Les régions zodiacales du Taureau, de la Vierge et du Capricorne se jouent de la complicité avec l'élément Terre. Les régions zodiacales du Scorpion, du Cancer et des Poissons sont toutes trois dépendantes de l'élément Eau. Les signes du Verseau, de la Balance et des Gémeaux interagissent avec l'élément Air tandis que l'élément Feu transmet ses forces en accord avec les constellations du Sagittaire, du Bélier et du Lion.

La Lune influe sur les cultures selon les constellations croisées lors de sa révolution.

Éléments : si on en prenait de la graine ?

Fraises charnues, carottes sucrées et pourpier savoureux, qu'il soit fleur, graine, feuille ou racine, chaque légume et chaque fruit obéit à une influence lunaire singulière, déterminée par l'élément de la constellation croisée.

Chaque plante du jardin, qu'elle soit potagère ou d'ornement, nécessite un soin particulier selon ses besoins, sa culture souterraine ou aérienne, la formation de fruits ou un abondant feuillage. On distingue les légumes dits racines, les légumes fruits ou graines, les légumes fleurs et les légumes feuilles, en fonction de la partie comestible de la plante. Chaque catégorie obéit à l'influence d'un des quatre éléments, selon les constellations rencontrées par la Lune au cours de la lunaison. Les jours de culture des légumes racines, définis par l'élément Terre, seront ainsi propices au soin des plantes enterrées. L'élément Terre, vecteur d'une force souterraine, rend les plants plus résistants et plus productifs. Le soin apporté aux légumes porteurs de fruits ou de graines, lors des jours correspondants, obéit à l'influence de l'élément Feu. Ce dernier agit sur la maturation des fruits, la reproduction des graines. Si au fond du carré potager les légumes feuilles manifestent le besoin d'une taille revigorante, les jours de passage de la Lune devant l'une des constellations de l'élément Eau seront opportuns. Celui-ci impulse aux parties aqueuses, feuilles et tiges, une force essentielle pour accompagner leur développement. Les capucines au pied des tomates flétrissent et les fiers artichauts fléchissent : les bons gestes réalisés à ces plants aériens en jours fleurs leur feront fièrement redresser la tête. La Lune bénéficiant plusieurs heures par mois des forces de l'élément Air, ce dernier influe sur les parties volatiles, exaltant les essences, parfums et saveurs des plants fleuris.

Chaque élément apporte à la terre
les forces indispensables aux légumes cultivés.

Les catégories

Chaque légume ou fruit nécessite des soins particuliers selon la famille à laquelle il appartient. En les identifiant, vous pourrez adapter vos interventions pour le meilleur. Petit aperçu des catégories et de leurs membres.

Avant de s'armer d'un sécateur ou de palisser les haricots à rames, il est impératif de déterminer la catégorie du légume choyé. Même si la délicate fleur de la pomme de terre surmonte une solide tige gorgée d'eau et alourdie de nombreuses feuilles, cette chère patate n'est autre qu'une racine.

Racines : ail, bette carde, betterave, carotte, céleri, cerfeuil, crosne, échalote, endive, navet, oignon, panais, poireau, pomme de terre, radis, raifort, rutabaga, salsifis, scorsonère, topinambour.

Feuilles : aromatiques (menthe, basilic, romarin, sauge…), asperge, cardon, céleri à feuilles, chicorée, chou de Bruxelles, chou pommé, cresson, endive, épinard, fenouil, oseille, pissenlit, poirée, pourpier, rhubarbe, salade.

Fleurs : artichaut, brocoli, chou-fleur, fleurs et arbustes florifères, capucines, œillets… toutes les fleurs d'agrément comestibles, idéales en salades.

Fruits/graines : arbres fruitiers, aubergine, concombre, citrouille, cornichon, courgette, fève, fraisier, framboisier, groseillier, haricot, lentille, melon, pastèque, pâtisson, piment,

Du jour choisi pour la récolte dépendra la conservation des plantes potagères et florifères.

Révolution sidérale et autres caprices

Quand la Lune se prend pour le Soleil, il convient d'être vigilant. À l'image de l'astre solaire en une année, la Lune croise les douze constellations du zodiaque en 27 jours. Au cours de cette révolution sidérale, nœuds lunaires, apogées et périgées rendent l'astre lunaire de bien mauvaise humeur.

La Lune, objet de toutes les attentions du jardinier avisé, opère une révolution en moins d'un mois. Cette respiration lunaire se divise en deux phases de rotation, la phase ascendante, ou montante, et la phase descendante. En treize jours et quelques heures, la Lune réalise une ascension, jalonnant son parcours d'étapes plus ou moins longues devant six régions zodiacales, de la constellation la plus basse, celle du Sagittaire, à la plus haute, celle du Taureau. Passée cette dernière, la Lune entame sa phase descendante jusqu'à retrouver en fin de révolution la constellation du Sagittaire croisée 27 jours plus tôt.

Respectant les jours racines, fruits, fleurs et feuilles énoncés précédemment afin de déterminer le légume vedette en ces jours choisis, quelques gestes jardiniers bien étudiés sauront tirer parti des bénéfices propres à la lune montante ou descendante.

Lors des lunes montantes ou ascendantes, la sève s'élève dans les tiges, nourrit les fleurs grimpant vers le ciel. La période est propice aux légumes fruits, fleurs et feuilles, les heures sont idéales pour une poussée optimisée des salades, les traitements aériens et les tailles d'entretien. Puis la Lune décline, entrée dans sa phase descendante. La sève redescend, il est temps de s'adonner à des travaux nourriciers, au traitement des sols, à l'épandage de compost. De meilleurs résultats seront ainsi obtenus par l'apport d'un amendement biologique, les légumes racines récoltés en cette seconde phase de cycle libèreront toutes leurs qualités.

Les lunes descendante et montante permettent de déterminer la nature des travaux à effectuer.

La Lune dans ses mauvais jours

Meilleure amie du jardinier, la Lune en devient parfois, mais heureusement pour peu de temps, la pire ennemie. Certaines phases lunaires s'opposent ainsi aux travaux de jardinage.

Pourtant si prompte à faciliter la vie du jardinier en améliorant le développement des plantes du potager, la Lune fait parfois sa mauvaise tête. Apogées, périgées et nœuds lunaires s'avèrent redoutables, mieux vaut dans ce cas remiser bottes et outils en attendant que la dame blanche se montre plus clémente. Au cours de sa révolution elliptique autour de la Terre, la Lune s'éloigne et se rapproche de la planète. Le point de passage le plus proche de la Terre, le périgée, ne la tient à distance de seulement 356500 km, tandis que l'apogée, point le plus éloigné, la tient en respect à 406700 km. Observant l'adage que les extrêmes ne sont jamais bons, il est impératif de bouder le jardin en ces heures néfastes. Jardiner au moment du périgée induirait une pousse lente, une mauvaise germination, des plantes rabougries, fragiles et sensibles aux maladies.
Bichonner le potager pendant les heures d'apogée ne ferait qu'accroître une montée en graines, conférant à des plants une hauteur qui ne leur serait pas profitable. Lorsque le ciel perd ses couleurs d'azur, devient blanc, dépourvu d'éclaircie et parfois même de nuage, les nœuds lunaires, bimensuels, invitent légumes et jardinier au repos forcé pendant quelques heures. L'occasion idéale pour étudier le calendrier de jardinage des jours à venir, quand la belle capricieuse aura recouvré son esprit bienfaisant.

Calendriers

Établis selon les heures universelles et le passage de la Lune devant les douze constellations, ces calendriers lunaires indiquent, par de larges plages horaires, les catégories de fruits et légumes à choyer au fil des jours, selon les phases ascendantes ou descendantes de la Lune. Les nœuds lunaires, apogées et périgées, matérialisés avec leurs horaires, indiquent les jours néfastes au jardinage.

Sautes d'humeur, nœuds lunaires et distances extrêmes de la Lune à la Terre ne font pas bon ménage avec le jardinage.

Acheter ses graines

Bien qu'il soit plaisant de déambuler dans les rayons des grainetiers pour choisir les fleurs, légumes et petits fruits à semer au jardin, l'achat par correspondance de graines est souvent d'un meilleur rapport qualité/prix.

Depuis quelques années, les magasins spécialisés de jardinage offrent un choix impressionnant de graines de légumes, de fleurs et petits fruits. Mais le nombre de variétés présentées n'augure pas à coup sûr la réussite des semis. De plus en plus de grainetiers proposent aujourd'hui leurs produits par correspondance. Sur Internet ou un catalogue papier, le choix est souvent difficile tant les espèces sont variées. Il n'est pas rare de trouver dans ces panels de graines des légumes oubliés ou des espèces rares. Certes, à la réception, le conditionnement est simple (bien que souvent plus écologique que dans le commerce) et la présentation modeste, mais la graine est souvent de meilleure qualité pour un coût moindre.

Des commandes échelonnées

Cependant, les graines de grande qualité, biologiques et donc dépourvues de produits chimiques se conservent mois bien que celles sous emballage photo occultant. Il faudra donc anticiper le travail de la parcelle à laquelle les espèces sont destinées pour semer dans les jours suivants la réception du colis. Pour éviter un pic de production la saison de maturité venue, évitez une commande groupée. Échelonnez la commande afin d'espacer les récoltes. D'une façon générale, il faut semer en lune montante et planter en lune descendante. À côté des graines du potager, prévoyez en marge l'achat de quelques bons voisins... Thym, capucines, sauge, cosmos ou œillets d'Inde repousseront les insectes des pieds de tomate et de nombreux autres légumes.

Pensez à établir le plan du potager avant de semer les graines.

Meilleure qualité et moindre coût : les graines achetées par correspondance ont plus d'un tour dans leur sachet !

Semis de graines de légumes-racines en lune montante les 12, 21 et 22 février, les 11 et 13 mars.

Semis de graines de légumes, feuilles en lune montante les 16, 17 et 18 février, puis du 15 au 18 mars.

Sous la serre...

Le soleil darde ses premiers rayons mais le fond de l'air reste frais. Qu'importe, le moment est idéal pour réaliser des semis sous la serre, et cultiver les variétés précoces de légumes d'été.

Soyons modestes. La culture sous serre à grande échelle, le semis en serre chaude ou tempérée permet de gagner un temps précieux, notamment pour la levée des fleurs et légumineuses, puisque les plants bénéficient de conditions climatiques plus favorables que l'extérieur.

Optez pour la serre dite « à la hollandaise », c'est-à-dire à double-versant pour un ensoleillement optimal, mais à rapide déclin des températures le soir venu, ou « adossée », à moindre luminosité mais chaleur persistante qui permet de rentrer les plantes en pots en attendant le redoux.

Dès la fin du mois de janvier peut-être envisagé le semis des oignons. Dans des cagettes de polystyrène, garantes d'une excellente isolation thermique, maintenez une humidité constante et aérez bien les semis une fois levés. Des plants trop serrés favoriseraient le pourrissement des pieds et de la terre.

Air et lumière

Si la température sous serre le permet, semez dès à présent en lune montante les salades de printemps en échelonnant les plants. Si la température diurne dépasse les 12 degrés sous serre, le semis d'aromatiques peut débuter.

Enfin, les fruits et légumes friands de soleil (courgettes, tomates et aubergines) pourront être semés en godet dès la fin du mois de février. Veillez toutefois à bien aérer la serre en journée ensoleillée, afin que les plants ne pâtissent d'un taux d'humidité trop élevé.

La serre est également un lieu de rangement idéal.

La culture sous serre permet en quelques semaines de se régaler de variétés précoces.

Pour des carreaux brillants laissant passer la luminosité, nettoyez les vitrages à l'aide d'un chiffon imbibé de vinaigre blanc. Ce nettoyant naturel évitera la projection de produits chimiques sur les plantes cultivées sous serre.

Pour l'implantation d'une serre, veillez à choisir un emplacement du jardin dépourvu d'arbre et de mur, susceptibles d'apporter de l'ombre inopportune aux cultures sous-abri.

Confectionner un châssis

Lorsque la taille du jardin ne suffit pas à l'installation d'une serre, la confection d'un châssis, assez simple, permet des récoltes précoces et des cultures abritées.

Inutile de grever votre budget, un châssis peut se fabriquer à moindre coût, en utilisant des matériaux de récupération ou des produits bruts. Le châssis n'est autre qu'un coffrage sans fond, posé à même la terre, dans lequel les cultures seront protégées des conditions climatiques rigoureuses. Dans une menuiserie ou un magasin de bricolage, faites tailler deux planches d'environ 80 cm de largeur, l'une d'environ 35 cm de hauteur, la seconde n'excédant pas 60 centimètres. Pour les planches latérales, utilisez des planches d'un mètre de large, puis taillez selon les hauteurs avant et arrière du coffrage (soit 80 cm d'un côté, 35 cm de l'autre).
Badigeonnez de lasure ce premier coffrage et enduisez-le au besoin d'une peinture spéciale bois d'extérieur, si l'essence utilisée le justifie.

En toute transparence

Enfin, pour le volet supérieur, fabriquez un cadre à l'aide de quatre tasseaux, puis quadrillez l'ensemble d'un grillage ou d'autres tasseaux. Assemblez le cadre au reste de la structure par des charnières à piano. Il ne reste plus qu'à choisir la couverture. Le verre étant susceptible de se briser et le plexiglas jaunissant avec le temps, mieux vaut utiliser une bâche de plastique transparent, à changer chaque année. En journée, pensez à aérer le châssis pour que ni le bois qui le constitue ni les plants qui s'y développent ne pourrissent.

Semer sous châssis permet la récolte anticipée de légumes du jardin.

Pratique et simple à réaliser, le châssis présente de nombreux avantages pour un coût assez modique.

Profitez des jours de périgée pour vous procurer
le matériel adéquat à la confection d'un châssis :
30 janvier, 27 février, 28 mars et 29 avril.

Les jours d'apogée, armez-vous de patience
et de clous pour construire votre coffrage :
13 février, 12 mars et 9 avril.

Confectionner des abris

Ceux que l'on écartait cet été à grand renfort d'épouvantails et de filets s'avèrent bien utiles au jardin quand le climat se rafraîchit !

Lors des nœuds lunaires imposant le repli du jardinier loin de ses cultures, ces heures sont idéales pour la confection d'abris pour les petits occupants du jardin – mésanges charbonnières, moineaux et hérissons – à qui il faut désormais accorder le gîte et le couvert. Leur gloutonnerie sera précieuse au jardin puisque les petits vers apparus au bêchage ou les insectes virevoltant autour des dernières cultures de saison feront le régal des gourmands.

Nichoirs et tipis

Pour la confection de nichoirs à oiseaux, quelques planches de bois ou des pots de terre accrochés aux troncs les plus robustes feront amplement l'affaire. Une vasque d'eau, idéale pour qu'ils s'ébrouent et s'abreuvent, doit être épargnée par le gel. Croûte de pain, biscottes émiettées et saindoux leur permettront de se rassasier tout l'hiver. Veillez toutefois à éviter les cacahuètes apéritives, celles-ci, trop salées, ne correspondent pas à leur alimentation. La mie de pain et les grains de riz sont également à proscrire, car une fois absorbés, ceux-ci se gonflent et nuisent à l'oiseau…

Au moment de Noël, un petit sapin décoré de guirlandes de boules de graisse, de fruits séchés et de pommes à picorer ravira les gourmets ailés qui auront élu domicile au jardin pour l'hiver.

Pour les précieux hérissons, une caisse de bois retournée, percée d'une ouverture ou un tipi indien érigé à l'aide de quelques brindilles bien attachées feront des abris parfaits. Les hérissons se plaisent aux abords des bacs à compost puisqu'ils y trouvent de quoi satisfaire leur appétit, grâce aux épluchures de fruits et légumes.

Maçonnés ou réalisés avec des planches de bois, les nichoirs doivent être régulièrement approvisionnés.

Assurer le gîte et le couvert aux oiseaux du jardin augure d'une jolie complicité avec le jardinier.

Entretien des outils

Que serait l'homme, sans les outils indispensables aux gestes que requiert le potager ? Ils nous sont d'une aide précieuse au jardin. Il faut donc en prendre soin.

Grâce à eux, la main verte bine, bêche, ratisse, butte… Ces trésors d'ingéniosité nécessitent une attention particulière afin de conserver leur efficacité, avant d'être remisés pour l'hiver. Outre la propreté et l'entretien classique, il est important de désinfecter, de façon naturelle, afin d'éviter la prolifération des bactéries et la propagation d'éventuelles maladies la prochaine saison.

Solidité et pérennité

De l'alcool à 90° appliqué sur les lames des outils tranchants (serpettes, sécateurs) à l'aide d'un chiffon sec suffira à les nettoyer. Les outils pourvus de mécanismes (ressorts, coulisses) seront graissés afin de conserver leur malléabilité. Une attention particulière doit également être portée aux manches des outils. Un manche cassé n'implique pas un rachat systématique. Les outils que vous conservez d'une année à l'autre acquièrent une authenticité et se façonnent à votre main et à votre gestuelle.

L'inspection du manche, la réparation d'une fissure et le lissage des parties abîmées préviendront les échardes inopportunes au printemps prochain. L'application d'une huile d'entretien nourrissante pour le manche sera la garantie d'un outil pérenne.

Il faut également bien nettoyer les pots, dans un bain d'eau et de vinaigre blanc, afin de les désinfecter. Idem pour les tuteurs et autres piquets de maintien, il faut les sécher et les protéger du froid et du gel.

Le soin apporté aux accessoires évite le rachat et permet ainsi de précieuses économies.

Le nettoyage des pots et des outils évite la prolifération des bactéries.

Fabriquer des tuteurs

Quelle désolation que la vue de ces roses trémières qu'un vent inopportun a couchées au sol. Cela ne serait jamais arrivé si un tuteur les avait maintenues en place. Retroussez vos manches et au travail !

Les hampes fleuries qui piquent du nez, les tiges fauchées, les fleurs suspendues ployant sous le poids de trop lourds pétales, il est temps d'en finir, grâce à la fabrication de tuteurs. Certes les magasins spécialisés en proposent toute une gamme, mais le jardin met à notre disposition suffisamment de matière première à recycler pour pouvoir fabriquer nous-mêmes des tuteurs naturels.

Pour la confection de tuteurs à légumes grimpants (tomates, aubergines…), percez de quelques trous de longues et fines branches coupées, dans lesquelles un fil de lieuse sera solidement noué. Non meurtrissant, la cordelette en raphia sera un support idéal pour les capucines.

Il est impératif de planter le tuteur avant que la plante n'ait débuté sa croissance. Sans cela, le risque de briser la motte ou d'endommager les racines est important.

Utiles et décoratifs

Seuls les rameaux les plus solides serviront à la confection de tuteurs. Des branches de forsythias ou de conifères sont à bannir au profit de branches de lilas, de noisetier ou de châtaignier… L'essence doit être rigide si elle est plantée à la verticale. En revanche, préférez les rameaux plus souples si vous les destinez à la confection d'un plessis ou d'une treille. Longilignes ou sarmenteux, les tuteurs « maison » peuvent aussi avoir une fonction décorative au jardin. Ainsi, surmontés de petits pots de terre retournés, dans lesquels vous incorporerez grossièrement du fil de lin entremêlé, ils assureront le gîte aux coccinelles, gourmandes d'insectes prédateurs. Chacun y trouvera son compte !

Tuteurs en bois et ligatures en raphia sont incontournables au jardin biologique.

Pour bien soutenir les petits fruits ou les plantes grimpantes, les tuteurs doivent anticiper la croissance des sujets qu'ils supportent.

Profitez des jours d'apogée et de périgée, ne permettant pas le travail au jardin, pour confectionner des tuteurs. Les 9 et 24 avril et les 6 et 20 mai.

Les bambous utilisés en guise de tuteurs doivent être secs afin d'éviter la prolifération de ses rhizomes en pleine terre. Ceux-ci rendraient impossible la culture d'autres variétés.

Utiliser des engrais verts

Le sol s'assèche, quelques mauvaises herbes apparaissent. Pourtant, des engrais verts plantés dans les parcelles en jachère permettent d'occuper l'espace en améliorant la nature du sol.

Surmontées de fines fleurs de couleur, les frêles tiges de luzerne, de moutarde et de trèfle sont excellentes pour renouveler les qualités nutritives du sol, assurant ainsi aux futures cultures potagères un nid bien confortable. Dans un terrain grossièrement retourné, mais où l'on aura pris soin de briser les mottes au préalable, l'engrais vert est semé à la volée, par geste croisé, pour une meilleure répartition.
Une fois les plantes poussées, le fauchage permet aux graines de se resemer. La terre sera retournée superficiellement afin d'y incorporer les herbacées asséchées, ce qui accentuera leur vitesse de décomposition.

Décoctions efficaces

D'autres plantes macérées réservent de bien heureuses surprises… Tel est le cas de la nauséabonde ortie macérée, qui en dépit de sa redoutable odeur est également redoutable pour les insectes. Dans un coin reculé du jardin, laissez tremper quelques pousses d'orties dans plusieurs litres d'eau puis répartissez le précieux « nectar » au pied des plants de tomates ou des rosiers.
Les décoctions de consoude et de prêle, réalisées selon la même démarche, redonnent vigueur et couleur aux plantes du potager, en agissant directement en faveur d'une montée en graines. Elles sont donc idéales pour relancer la floraison d'automne chez les espèces bisannuelles qui, parfois, se montrent capricieuses à la fin de l'été.

Le trèfle et la luzerne sont deux engrais naturels qui agrémentent joliment les parcelles dénudées.

En plus d'amender le sol, les engrais verts peuvent attirer les insectes pollinisateurs des plantes voisines.

Les engrais verts pourront être semés les jours feuille de lune montante, du 11 au 14 avril et du 8 au 11 mai.

Pour les plantes d'intérieur à la recherche de leur lustre d'antan, rien de tel qu'une vieille méthode chinoise, déjà utilisée, dit-on, à la Cour impériale… Le jus de plumes de volaille macérées redonnera brillance et éclat aux plantes de salon les plus ternes.

Que planter à l'ombre ?

Sombre, frais, souvent triste… le coin ombragé du jardin est souvent un objet de désolation pour le jardinier qui pense ne rien pouvoir y faire pousser. Halte à la morosité ! L'ombre au jardin est au contraire un atout, elle permet de faire pousser de nombreuses variétés de plantes délicates. À vos fourches-bêches, plantoirs et binettes, les pétales colorés font un pied de nez au soleil !

L'ombre portée au pied du chêne ou ce mur de pignon au nord de la maison ne présentent pas les mêmes contraintes en matière d'ombre qu'un espace ombragé par les amples ramures d'un noisetier ou d'un pin parasol. Il fait bon dans les deux cas s'y prélasser par les fortes chaleurs estivales, mais ce petit coin obscur, aujourd'hui dénudé, n'en sera que plus accueillant une fois agrémenté de quelques plantes fleuries. Avant de procéder au choix des plantes et fleurs d'ombre, il convient donc d'estimer la nature de l'ombre. Car bien souvent ce n'est pas l'absence de soleil qui pose problème, mais d'autres facteurs auxquels on ne songe pas toujours.

Dans un jardin de ville, l'espace végétal, souvent entouré de hauts immeubles, est contre toute attente une aubaine pour le développement d'arbres et de rocailles nécessitant peu de soleil. La qualité du sol, qui demande bien souvent d'être enrichie de compost, est plus importante dans la plupart des cas que l'ensoleillement.

Un mur au nord, au contraire, est très ingrat. Engrangeant peu de chaleur, rares sont les fleurs qui aiment s'y agripper, pourtant des solutions existent et elles réservent même des résultats surprenants.

Enfin, les pieds des gros arbres ou de plantes de haies, généralement conifères ou thuyas, semblent être l'endroit le plus difficile pour permettre à la végétation de se développer. Les ressources en eau et en minéraux, pompées par les gros sujets alentour, semblent ne pas laisser d'espace vital ni d'ensoleillement suffisant aux petits plants. Erreur, les fleurs aux faibles besoins en chlorophylle ou quelques vivaces savamment sélectionnées seront du plus bel effet et égayeront les pieds de ces gros arbres.

L'ombre des frondaisons est l'occasion idéale pour cultiver des vivaces délicates.

Bien aménagés, les recoins ombragés au jardin sont propices à la détente.

Terre de bruyère

Le développement en groupe de plusieurs arbres à ramure de grande envergure entraîne souvent un espace ombragé qui évoque davantage un sous-bois qu'une oasis de fraîcheur. Qu'à cela ne tienne, la plantation de quelques fougères en terre humide, les jours feuille de lune descendante, apportera de la verdure à ce coin si austère. Pour égayer encore cette percée sans lumière, des plantes de terre de bruyère, parmi lesquelles l'incontournable rhododendron, dont la taille peut atteindre 3 mètres, ou l'azalée, plus modeste, sublimeront le paysage.

Le choix du type d'arbuste variera selon l'effet souhaité au jardin. L'azalée est un arbuste à feuilles caduques, qui perd donc ses feuilles en hiver, tandis que le rhododendron présente l'immense avantage d'offrir au regard un feuillage persistant tout au long de l'année.

Pourvu que le sol ne soit pas calcaire, rhododendrons et azalées se plairont pendant des années, à condition d'observer quelques règles d'entretien. Les plants vendus en conteneur peuvent être plantés toute l'année, mais la période faste demeure tout de même mars-avril et septembre-octobre,

pour permettre à la plante de développer ses racines dans des conditions optimales.
Tout se joue dès la plantation, dans un sol acide, léger et bien drainé : prévoyez un trou deux fois supérieur au diamètre de la motte. Au fond de celui-ci, étalez un feutre géotextile afin d'éviter le mélange à la terre éventuellement calcaire, puis disposez quelques graviers de drainage. Pendant ce temps, faites tremper la motte un bon quart d'heure, le temps nécessaire aux racines pour se gorger d'eau. L'immersion de la motte terminée, déposez-la dans le trou et recouvrez aux deux tiers de terre de bruyère, complétée de tourbe blonde. Tassez le sol avec le pied et arrosez abondamment.
Lorsque la chaleur estivale menace la bonne hydratation des plantes, ne lésinez pas sur l'arrosage et paillez le pied d'écorces de pin puis supprimez à la main les fleurs fanées.
Si vous préférez l'esprit zen du Levant au charme britannique des rhododendrons et azalées, une espèce d'arbuste, au feuillage persistant et aux couleurs cuivrées n'attend qu'une lune descendante de printemps pour révéler au jardin tout son éclat.
Grenat au printemps, pourpre à l'automne, l'érable du Japon, variété Senkaki, ravit les esthètes, fort de son écorce rouge et son feuillage doré. Les arbustes de la famille des Acéracées (dont on se servait jadis pour la fabrication des lances) garantissent dès le mois d'avril une floraison généreuse. Les fruits, appelés Samares, apparaissent à l'automne, avant que le jardin zen qu'ils honorent de leur port flamboyant ne perde tout son éclat passé le mois de septembre.
Car hélas, le Senkaki, à l'image de son flamboyant cousin Osakazuki, accuse très vite le coup du repos de la végétation. Caducs, ils se dégarnissent sitôt les jours ensoleillés terminés et n'offrent plus au regard qu'une écorce cuivrée avide du printemps prochain.
Les Acéracées peuvent être associées à d'autres fleurs de bruyère, disposées en massifs. Ainsi, la complicité d'hamamélis dorés, de campanules rosées et de digitales bleutées ravira les yeux et les sens.
Outre les grands arbustes d'ornement qui règnent en maître sur les jardins ombragés, des espèces de plantes de bruyère, de taille plus modeste, ont toute leur place dans les coins d'ombre. Tel est le cas des magnolias, camélias et hortensias.
La gamme chromatique de ces nombreuses variétés est très diversifiée. Orangés, blancs, roses… les pétales rivalisent de nuances et égayent l'ombre la plus ténue au jardin.

L'érable du Japon apporte sa lumière cuivrée à chaque espace ombragé du jardin.

Le millepertuis est une plante vivace qui offre chaque année des boutons dorés éclatants.

Vertes... de jalousie

Qui dit ombre n'est pas sans évoquer l'esprit des sous-bois. Fougères, bambous et hostas apportent la verdure en contraste des lumineuses feuilles d'érable et de rhododendrons. Quelques fougères disséminées ci et là garniront efficacement un coin sombre. Cultivées pour leurs frondes, élégant feuillage décoratif, les fougères rustiques, ou de pleine terre, résistantes au froid, se plantent les jours feuille de lune descendante, dans des sols poreux, légers et acides.

Dans un trou recueillant une moitié de terre de bruyère et l'autre de sable, les polypodium, asplenium et adiatum se plairont en rocailles ou le long d'un muret. Pour garnir un espace important, la fougère royale, également appelée osmonde, peut atteindre 2 mètres de hauteur.

Comme les chaumes des graminées, les frondes des fougères doivent être rabattues en hiver, la touffe assainie et le pied paillé de feuilles mortes.

Veiné de crème, l'hosta est une des rares plantes qui se plaît au nord et qui peut même pousser à l'ombre d'un mur de béton. Sa seule phobie est

un coup de vent brutal qui mettrait un terme définitif à son développement. Au printemps, ses longues feuilles se déroulent, laissant apparaître, au cœur de l'été, des grappes florales pourpres ou violines, très parfumées.
Comme les pieds de fraisiers, les hostas se propagent par stolons, ne vous laissez donc pas envahir en coupant net les rejets, il en apparaîtra toujours de nouveaux.
Si les bambous ne se propagent pas par stolons, ils ne sont pas moins invasifs que les hostas. Les bambous noirs apprécient l'ombre et déploient leurs longues tiges ébène avec graphisme. Ils donnent du style au jardin, surtout lors de la période de végétation, au cours de laquelle ses fines feuilles bruissent dans le vent. Le bambou noir est parfait pour peaufiner un espace japonisant, tel qu'évoqué précédemment avec l'installation d'érables du Japon. Veillez toutefois à brider ses rhizomes hyper traçants en installant, de façon souterraine, quelques barrières anti propagation.
S'il pousse souvent à l'état sauvage, le houx est un excellent arbuste d'ombre. Très décoratif avec ses petites baies rouges, blanches ou noirâtres, le houx est très résistant aux froids vifs.
Son entretien est très sommaire. Le houx ne demande pas de véritable taille de formation ni d'allégement de ramure les années passant. Planté en isolé ou en groupe, le houx est une plante dite dioïque, c'est-à-dire qu'il faut distinguer les sujets femelles des sujets mâles. Si les deux sexes produisent des fleurs, seul l'arbuste femelle produira des fruits, si sa plantation est complémentaire d'un pied mâle.

Les vivaces d'ombre

Dans le cas de l'ombre générée par un arbre de port ample, il convient avant de sonder la place restante dans le sol à l'aide d'une fourche-bêche. La terre y est souvent plus pauvre en ressource, il vous faudra donc anticiper les besoins des nouvelles venues en amendant de compost, de fumier et de terreau organique cette nouvelle zone de plantation. Nul doute que des vivaces d'ombre, telles des jacinthes, quelques tulipes et des jonquilles s'y développeront sans la moindre difficulté dès la sortie de l'hiver. Encore faut-il que leurs racines aient quelque latitude pour s'enfoncer. La fourche-bêche sera donc utile pour distinguer les endroits prompts à accueillir les bulbes, les jours fleur de lune descendante.
Étonnamment, des plantes d'ombre permettent une floraison pendant près de 10 mois de l'année si l'on plante au bon moment, en respectant quelques règles simples.

L'hosta rythme l'espace avec ses superbes feuilles ourlées veinées de tons crème.

Au pied des haies ou des grands arbres, la traditionnelle bruyère fait toujours son effet.

Anémones, muguets, arums profiteront de la courte période comprise entre les premiers soleils et la pousse des feuilles des arbres au pied desquelles elles se développent pour révéler leurs couleurs. Fuchsia et cœur de Marie, qui fleurissent du printemps à la fin de l'été puisent dans les sols riches à l'ombre des grands arbres toute l'énergie nécessaire à leur développement.
Enfin, le jasmin d'hiver, avec sa multitude de petites fleurs jaunes, se plaît à la mi-ombre comme sous un ensoleillement léger. Un an après la plantation il offrira ses premières inflorescences. Plante rustique par excellence, il vit sa vie à l'ombre des frondaisons et ne demande pas un arrosage abondant, passé le premier été suivant la plantation.
Un véritable tapis de fleurs peut ainsi être réalisé au pied des grands arbres ou des haies. Millepertuis, hellébores orangées et cyclamens égayeront les espaces assombris des talus souvent dénudés.
Ne considérez donc plus les espaces ombragés comme un handicap et un frein à la plantation de végétaux. Valorisez ces coins d'ombre pour y aménager des scènes où arbustes à feuillage persistant, plantes insolites et fleurs chatoyantes se

Greffe et marcottage... le mariage des végétaux

Le geste est imprécis, la main tremble un peu... les premières greffes d'arbustes demandent de l'adresse et de la patience. Mais avec l'expérience, cette opération essentielle, au même titre que le marcottage, deviendra un des gestes-clés pour un jardin productif, tant au verger qu'au jardin d'ornement.

Multiplier des végétaux sains et rentables, améliorer le rendement d'un fruitier, augmenter sa productivité, le rendre plus fort face aux maladies, aux attaques de parasites ou adapter un jeune plant à son environnement... les raisons qui incitent à la greffe sont très nombreuses et cette dernière mérite que l'on y recoure, au moins par fierté personnelle ! Car greffer et marcotter consiste à marier deux espèces végétales, à créer de toutes pièces un arbuste nouveau, digne descendant d'un greffon et de son porte-greffe.

Derrière son apparente technicité, la greffe relève de la soudure. Le jardinier devra forcer deux éléments bien distincts à « collaborer », à devenir complices.

Le premier élément, dit porte-greffe, est obligatoirement un arbre ou arbuste enraciné, de bonne consistance, ayant prouvé sa résistance aux maladies et doté d'un système racinaire bien ancré. Celui-ci servira de base nourricière au greffon.

Les deux espèces végétales destinées à être croisées doivent être indemnes de toute maladie et de toute attaque de parasites.

Il faut distinguer les greffes et marcottes de printemps, qui s'effectuent sur des rameaux de grosseur moyenne ayant poussé l'année précédente et dont les yeux sont bien développés, des greffes d'été et d'automne, qui ne concerneront que des sujets de l'année, vigoureux et gorgés de sève, précédemment effeuillés. Ces derniers pourront être conservés au frais, les pieds dans l'eau, les deux jours précédant la greffe.

Ces opérations de greffe s'effectuent de début mars à fin septembre, soit de la reprise de la végétation à son repos hivernal. Évitez les allers-retours inutiles au garage en prévoyant à portée de main tout ce dont vous aurez besoin : sécateur, serpette, couteau, greffoir, scie égoïne, ligature souple (bannissez les fils de fer qui meurtriraient les écorces), mastic à souder et maillet sont autant d'outils à main nécessaires à la greffe. Un arbre greffé doit être sain et productif et ne sera taillé qu'au moment de la greffe afin d'éviter que la plaie s'assèche ou s'infecte.

Assuré d'un ciel dégagé dépourvu de menaces d'averse par une journée de lune montante – en jour fruit pour greffe de fruitiers, en jour fleur pour

Fuchsia et hortensia se prêtent parfaitement à la multiplication par bouturage.

greffe d'arbustes d'ornement – le jardinier peut alors partir à l'assaut du végétal.

La greffe à l'anglaise ou taille en biseau

Sur le porte-greffe, la branche est sectionnée à une vingtaine de centimètres du sol, tout de suite au-dessus d'un œil et en biseau. L'angle de la coupe en biseau doit être opposé à l'œil. L'opération est similaire pour le greffon, avant que les deux éléments ne soient associés l'un à l'autre. La jointure des deux éléments est ensuite recouverte de mastic ou de cire.

Période propice : de mi-mars à fin avril.

Variétés d'arbres concernées : la vigne, les scions d'arbres à fruits à pépins, les arbustes d'ornement ou fruitiers.

La greffe en fente

Choisissez un porte-greffe vigoureux, ôtez-en les branches et les feuilles latérales pour ne conserver qu'une base impeccable. Tranchez net à l'horizontale puis fendez à pic le diamètre du tronc. De part et d'autre de cette fente seront insérés deux greffons, dont la base aura été préalablement taillée,

de façon à épouser les contours anguleux de la fente du porte-greffe. Les yeux des greffons seront bien sûr tournés vers l'extérieur. La jointure sera couverte de mastic.
Période propice : de mars à fin avril, puis à la fin de l'été, d'août à fin septembre.
Variétés d'arbres concernées : toutes celles dont le tronc porte-greffe excède 7 à 8 cm. Également idéal pour les fruitiers à noyaux, les arbres à écoulement de sève, les conifères.

La greffe en incrustation
Ce type de greffe s'adresse surtout aux « greffeurs » chevronnés, en raison de sa haute technicité. Sensiblement identique à la greffe en fente, celle en incrustation accueille un ou deux greffons au pourtour du porte-greffe. Dans ce cas précis, il ne faut tailler sur le côté du porte-greffe qu'une seule incision anguleuse par greffon, dans laquelle sera inséré chaque greffon dont la silhouette sera exactement similaire à celle, en négatif, de l'incision du porte-greffe. L'œil devra évidemment être placé à l'extérieur. Liez ensuite avec une ligature solide sans meurtrir les éléments puis enduisez de cire.
Période propice : de mi-mars à fin avril.
Variétés d'arbres concernées : fruitiers à noyaux.

La greffe en couronne
Les gestes sont semblables à ceux de la greffe en fente et à l'incrustation, si ce n'est qu'elle permet de multiplier les greffes sur un même porte-greffe. Ce type de greffe prend du temps et se réalise sur des branches rabattues court.
Comme pour les greffes précédentes, le bois ne doit pas être fendu, seule l'écorce doit être incisée avec soin. Pratiquez un nombre d'incisions équivalent au nombre de greffons à réaliser. Taillez par ailleurs les bases des greffons en biseau et disposez-les autour du tronc incisé. Liez le tout avec du fil de lin, enduisez de mastic et de cire.
Période propice : à la sortie de l'hiver, courant mars.
Variétés d'arbres concernées : fruitiers dont l'âge avancé ne fait plus craindre d'être meurtri car cette technique peut être mutilante si elle est réalisée par un jardinier peu aguerri.

La greffe en écusson
Procédez à une fine incision en forme de T sur l'enveloppe superficielle du porte-greffon, à une dizaine de centimètres du sol. Ouvrez tel un col de chemise l'écorce de part et d'autre de l'incision. Prélevez sur l'arbre à greffer un œil et son pourtour immédiat en ne conservant que la partie souple de l'écorce. Insérez ensuite l'écusson dans l'incision puis scellez l'ensemble à l'aide d'une ligature souple.
Période propice : juillet et août.
Variétés d'arbres concernées : amandier, abricotier, cerisier, pommier, poirier, prunier, pêcher, cornouiller, fusain, groseillier, lilas et rosier.

Le marcottage
Le marcottage consiste en la multiplication de la végétation par la reproduction quasi similaire des sujets sélectionnés. Les opérations de marcottage ne peuvent être réalisées qu'en phase de sève montante dans les végétaux, donc jusqu'au mois de juin, en phase de lune montante et jours fleur ou fruit, selon les espèces concernées.

Le marcottage spontané
Dès le début du mois de mars, les premiers marcottages spontanés, par enfouissement,

Les rosiers grimpants apprécient les marcottages.

peuvent être envisagés. Sélectionnez, sans la couper, la branche la plus vigoureuse d'un beau magnolia, d'une somptueuse glycine ou d'un généreux rhododendron. Effeuillez cette branche à la base avant de la dévêtir partiellement de son écorce, laissant son bois à nu sur une bonne dizaine de centimètres.
Creusez un sillon à côté du pied mère, couchez-y la branche sélectionnée et préalablement préparée puis couvrez généreusement de compost finement tamisé. Scellez l'extrémité du rameau à un tuteur solide, puis arrosez abondamment. D'ici deux ans, le rameau aura développé ses propres racines et pourra être ôté du pied mère avant d'être transplanté de façon autonome.
Le marcottage à l'aide d'une brique ou d'une lourde pierre, immobilisant sans enfouir la branche incisée au sol pendant de longs mois, peut également être concluant. L'apport de compost reste toutefois indispensable, au même titre qu'un un arrosage abondant.

Le marcottage aérien

Pour certaines espèces, notamment les rosiers

grimpants, les buissons ou encore les rhododendrons, il est possible de réaliser un marcottage aérien. Assez technique, il requiert une certaine expérience.
Les actions sont sensiblement identiques. Choisissez un rameau vigoureux avant de l'effeuiller et d'inciser son écorce supérieure sur quelques centimètres.
Dans un plastique épais et souple, mélangez du compost et du terreau bien tassé, entourez ensuite la branche incisée dans ce manchon de substrat.
D'ici deux ans, la branche devrait avoir développé son autonomie et pourra être repiquée loin du pied mère.

Les boutures

Si les actions de greffe et de marcottage apparaissent ardues au départ, la réalisation de boutures est à la portée de tous et permet de multiplier de nombreuses fleurs et quelques arbustes d'ornement.
Prenons l'exemple du forsythia : une fois la floraison terminée, vers la fin mars, début avril en certaines régions, la taille annuelle d'entretien offre plusieurs rameaux vigoureux, ayant porté des fleurs cette année. Ôtez les feuilles et fleurs fanées de quelques-unes de ces branches, coupez net la base en biseau puis laissez reposer deux à trois jours les pieds dans l'eau, le temps pour le rameau de développer quelques radicelles.
Le délai du bain terminé, déposez sur le pied gorgé d'eau un peu d'hormone de bouturage puis plantez en pleine terre. L'an prochain à pareille époque, le rameau pourrait donner ses premières fleurs.
Les jasmins, hortensias, lauriers, supportent très bien cette opération et se multiplient facilement.

Fort de la réalisation de ces diverses actions de multiplication des végétaux, le jardin devrait, au fil des années, se densifier et assurer une production généreuse. Elles garantissent également la pérennité des espèces végétales et sont un moyen efficace de lutter contre la prolifération des maladies et des parasites.

Grandes idées pour petits sujets

Il n'est pas pour autant obligatoire de posséder un jardin pour se lancer dans le marcottage et les boutures. Les plantes d'appartement peuvent tout

L'immersion des greffons avant bouturage est indispensable.

La greffe des fruitiers augure une production généreuse.

à fait faire l'objet de multiplication et ainsi remplacer des sujets devenus chétifs derrière la fenêtre de salon. Ce ficus qui pique du nez, ce yucca qui s'étiole et ce croton qui pâlit à vue d'œil auraient bien besoin d'être revigorés.
Choisissez, une fois encore, une branche saine. À quelques centimètres de la dernière feuille, incisez profondément sur 4 centimètres de longueur. Pour éviter que la plaie ne cicatrise et rende le marcottage inutile, insérez dans le sens de l'incision un cure-dent préalablement coupé aux extrémités.
Dans une pochette de plastique transparente, mélangez à parts égales du terreau, de la mousse végétale et de la tourbe, ou un peu de sable. Retirez le cure-dent qui maintenait la plaie ouverte et remplacez par un peu de la préparation. Entourez ensuite la branche incisée de ce mélange, grâce à la confection d'un manchon en film plastique, ligaturez solidement avec du fil de raphia ou du fil de lin.
La branche ainsi emmaillotée laissera deviner d'ici quelques semaines ses premières racines derrière son manchon transparent. Il sera alors grand temps de la transplanter pour qu'elle vive

Tailler selon les cycles lunaires

Les températures se réchauffent, le soleil est au rendez-vous, le jardinier peut chausser ses bottes et coiffer son chapeau de paille. Si les conditions semblent propices au binage, semis ou plantations, rien ne présage de la pertinence des travaux effectués en ce jour clément. Rien, sauf peut-être une observation attentive des cycles lunaires.

Nimbé d'un brouillard matinal, le jardin semble encore somnoler. Pourtant, le repos hivernal touche à sa fin. Dans les moindres branches, dans le plus petit des bourgeons palpite déjà le cœur du printemps renaissant. Avant la montée de sève, il est impératif de définir, pour chaque arbre – d'agrément ou fruitier –, chaque arbuste – à fleurs ou feuillu –,quelle taille sera la plus adaptée au résultat escompté. Car un arbre dont on convoite une importante production de fruits ne bénéficiera pas des mêmes coups de sécateur qu'un conifère dont on espère qu'il s'étoffera au fil des mois.

La taille n'est pas aléatoire, elle dépend des besoins de l'arbre, de son allure générale et de la forme que l'on souhaite lui donner. Elle obéit à des règles précises, un savoir-faire particulier, qui s'acquiert avec le temps. Les premiers coups de sécateur et plus encore des allers-retours de scie sur une branche qui semble pourtant saine donnent des sueurs froides aux jardiniers peu habitués à la coupe de début de saison. Pourtant, la taille est un geste indispensable pour qui ne souhaite pas se laisser envahir par trop de végétation. Et contrairement aux idées reçues, une taille, même sévère dans certains cas, permet de conserver une silhouette et une ramure dense à un arbuste qui deviendrait chétif, autant qu'une taille drastique de branches chargées de fruits induirait une montée de sève encore plus vigoureuse l'été suivant.

Passées les premières appréhensions et une fois convaincu par les bienfaits d'une taille bien ordonnée, reste à patienter jusqu'à l'arrivée d'un jour sec lors d'une phase de lune montante, la plus propice à stimuler la montée de sève. Mais il faut être très vigilant et chausser de bonnes lunettes pour ne pas confondre du bois mouillé avec une branche morte. L'humidité ou le repos hivernal a déjà conduit plus d'un jardinier à une terrible méprise en confondant bois « endormi » et bois mort. La prudence s'impose donc avant toute coupe irréversible.

Armé d'un sécateur, d'une scie ou d'un taille-haie selon l'espèce à entretenir, l'assurance d'une lune descendante en jours feuille, fruit ou fleur, selon les espèces toilettées et l'on peut enfin se lancer à l'assaut du petit-bois.

Couper les branches d'un arbuste à fleurs accroît sa production.

Attention les yeux !

Quelle que soit l'espèce d'arbre taillé, l'observation attentive des yeux et éventuels bourgeons jalonnant la branche est indispensable et doit précéder toute manœuvre de taille. L'œil est un petit renflement brunâtre matérialisant le départ d'une future branche. Le bourgeon quant à lui est identifiable par une boursouflure, il annonce la formation d'une fleur ou d'un fruit. Les yeux et les bourgeons dictent donc la conduite à suivre pour les premières tailles. Il est important de toujours sectionner la branche après ces protubérances, afin d'y stimuler la sève. Cette dernière étant souvent concentrée aux extrémités des branches, une coupe à quelques millimètres des yeux et bourgeons y favorisera le développement de la ramification, de la floraison ou de la fructification.

L'angle de coupe est également déterminant. Une coupe nette, en biseau, la partie la plus élevée de l'angle du côté de l'œil du bourgeon évitera le ruissellement d'eau de pluie ou d'arrosage sur les points de naissance des ramifications futures entraînant parfois leur pourrissement.

Il faut bien garder à l'esprit que plus la taille sera courte, plus la sève sera concentrée. Par conséquent, rabattre les branches induit une ramification importante dans les semaines qui suivent la coupe, suscitant à son tour la création de bourgeons et d'yeux.

Pour les arbres de fruits à pépins, poiriers et pommiers, la taille sévère, c'est-à-dire que le rabattage des branches ayant fleuri est préférable en fin d'année. La taille de fin d'hiver, entre février et début mars, est surtout l'occasion de retirer le bois mort qui ne fructifiera plus, après avoir trop donné.

L'allégement de la ramure est utile à toutes les espèces. En ôtant le petit-bois ou bois mort, la lumière pénètre plus facilement au cœur de la ramure. Des branches qui jusqu'alors ne recevaient pas la lumière vont soudain produire de nouvelles ramifications fruitières ou florifères.

Dans les cas des arbustes à petits fruits, comme le framboisier, le cassissier, ou le groseillier, il est indispensable d'effectuer chaque année avant la reprise de la végétation un « démêlage » des branches. Outre le petit-bois qu'il faut régulièrement ôter, il est impératif d'alléger les branches enchevêtrées afin de laisser respirer la ramure.

Dans le cas bien spécifique du framboisier, sélectionnez une dizaine de branches jeunes, annonciatrices d'une fructification vigoureuse et ôtez toutes les branches plus anciennes.

Favoriser les rejets

À la sortie de l'hiver, certains arbustes décharnés font peine à voir. Jadis superbes et très fournis, ils sont devenus au fil des années chétifs et secs. Il n'est pas trop tard pour bien agir et leur offrir une seconde jeunesse. Mieux vaut tout de même effectuer régulièrement des tailles quand cela est encore possible.

La taille d'entretien s'applique surtout aux arbustes d'ornement, dont on souhaite pérenniser la silhouette et encourager la floraison. En marge des petites coupes systématiques de fleurs fanées et de petit-bois que l'on peut réaliser toute l'année, les mois de février et mars invitent à une taille spécifique avant la reprise de la végétation. Les branches, encore dénuées de feuilles laissent mieux apprécier le squelette de l'arbuste.

En effet, l'angle du bourgeon ou du rameau naissant laisse présager de l'orientation de la future branche. Si celle-ci pousse vers l'intérieur vers un endroit peu opportun, mieux vaut couper de façon à stopper son développement.

Respectez scrupuleusement l'implantation des yeux avant de sectionner la branche.

La taille des rosiers peut être réalisée toute l'année, mais toujours en lune descendante.

Si la plante montre dans sa globalité des signes de fatigue, un rabattage net et précis obligera le pied à générer de nouveaux rejets. À terme, ces rejets densifieront l'arbuste qui recouvrera, avec les années, son port d'antan.
Dans ce cas de rabattage au pied, épandez ensuite du compost tout autour de ce dernier et paillez assez épais afin de protéger du froid et favoriser l'apparition de nouvelles pousses.

Certaines espèces d'arbustes d'ornement ont déjà offert au jardin leurs premières couleurs. Il faut d'ores et déjà penser à préparer leur floraison de l'année prochaine.
En respectant le cycle de floraison, la taille des arbustes d'ornement s'échelonne sur toute l'année puisqu'elle intervient directement après la floraison. Il faut donc adapter la période de coupe à la période de floraison. Une taille trop hâtive et inopportune entraverait le développement de la plante pour parfois de longues années.
Pour les arbres et arbustes dont seules les jeunes branches n'ont pour l'instant porté que des feuilles, tels le genêt, le prunus, il faut effectuer une taille

annuelle pour éviter que la plante ne se dégarnisse. Chaque branche ayant fleuri devra être rabattue d'une bonne dizaine de centimètres. Les futures pousses qui en émaneront n'en seront que plus florifères.
Pour les sujets dont les fleurs ont été portées par des branches de l'année, comme la passiflore, le tamaris ou l'hibiscus, le meilleur moment de coupe reste évidemment après la floraison, cette fois en septembre, octobre les jours de lune descendante. À ce moment précis, il faudra alors rabattre les branches ayant fleuri à deux ou trois nœuds de leur point de départ, afin d'éviter que la souche ne grossisse au détriment de la floraison.
Enfin, pour le forsythia, l'hortensia, le cotoneaster et toutes les espèces d'arbustes d'ornement dont les fleurs apparaissent partout sur la ramure, seules les pousses les plus jeunes seront conservées. Les anciennes, très reconnaissables, notamment en raison de leur double ramification, seront supprimées sans état d'âme. Les nouveaux rejets seront les plus porteurs, il faut donc leur laisser toute latitude pour se développer librement à la lumière.

Un outil pour chaque taille

Jours feuilles, fruits ou fleurs, phases lunaires descendante ou montante. Certes tous ces préceptes cosmologiques favorisent les soins donnés en périodes propices. Mais le choix de l'outil selon le type d'arbuste à choyer est également prépondérant. Couper une grosse branche à l'aide d'un sécateur risque fort de meurtrir la branche, casser le sécateur et donner des crampes au jardinier !
Préférez donc pour les arbustes à fins rameaux, tels les rosiers, les porteurs de petits fruits et les plantes d'ornement un sécateur bien aiguisé et impeccablement nettoyé à l'alcool afin qu'il ne transmette pas de maladie.
Pour les branches d'arbres dont le diamètre est compris entre 2 et 4 centimètres, utilisez davantage un élagueur à bras. La force des membres supérieurs permettra une coupe nette sans déchirement. Pour les grosses branches, mieux vaut se procurer une scie de jardinier dont la lame résiste aux saisons.
Quel que soit l'outil, n'oubliez jamais de porter des gants ainsi que des lunettes de protection. Si une écharde dans les doigts est très pénible, un éclat de bois dans l'œil peut être très grave et douloureux.

La taille d'entretien doit toujours être effectuée les jours de lune descendante.

La vigne exige une taille expérimentée, réalisée par des spécialistes.

Dans le cas de grands arbres, tels le chêne, le noisetier, le bouleau, n'envisagez pas de procéder vous-mêmes à la taille d'entretien et faites appel à un spécialiste. Les élagueurs professionnels disposent du savoir-faire et du matériel de sécurité pour se hisser en haut des cimes. Dans le cas d'un arbre de taille raisonnable dont vous souhaitez malgré tout effectuer la taille par vous-même, demandez à être accompagné par une personne restée au sol. Celle-ci est utile pour tenir l'échelle, mais pas seulement. D'en haut, vous ne bénéficierez pas d'une vue d'ensemble permettant d'apprécier l'allure générale de la ramure. La personne restée au sol, bénéficiant de plus de recul, pourra orienter la coupe.

Une fois la taille des diverses espèces réalisée, le jardin semble de nouveau respirer. Dans les jours à venir, de nouveaux bourgeons vont apparaître, des inflorescences vont poindre sur les jeunes branches. Les premiers soleils et le réchauffement du sol vont parfaire les bons soins prodigués aux différents arbustes. Le printemps peut venir, tout a été préparé pour que sa venue soit profitable à

Si on nettoyait les écorces...

On y grave des mots doux, des prénoms pour la vie... Les écorces des arbres méritent davantage d'attention, car de leur bonne santé dépend la vigueur du sujet.

Tous les arbres du jardin méritent que l'on se soucie de leur tronc, souvent délaissé au profit des branches fleuries ou porteuses de fruits. Pourtant, l'écorce a souvent besoin d'être débarrassée du lierre, des mousses et lichens qui aiment à s'y agripper. Ces tenaces occupants sont plutôt inoffensifs, mais ils peuvent, à brève échéance, étouffer certains arbres et surtout héberger des parasites. Dans un premier temps, coupez par un jour sec du printemps les pousses du lierre à l'aide d'un sécateur. Elles se dessécheront alors rapidement et pourront être ôtées plus facilement. Frottez ensuite le tronc à l'aide d'une brosse à poils naturels ou en nylon (les brosses pourvues de poils métalliques meurtriraient l'écorce). Assurez-vous au préalable que la brosse a été scrupuleusement nettoyée au vinaigre blanc ou à l'eau de Javel, pour éviter la transmission de maladies à l'arbre.

Protéger et fertiliser

Les déchets recueillis sur l'arbre, porteurs de bactéries, de microbes ou de maladies, ne doivent surtout pas être mis au compost afin de ne pas contaminer le précieux terreau.

L'un des remèdes miracle, qui peut également être un traitement préventif à l'apparition de maladies des troncs ou à l'attaque de parasites, est l'application annuelle d'un badigeon, à la sortie de l'hiver. Mélangez à un litre d'eau près de 500 g d'argile verte puis répartissez la décoction sur le tronc à l'aide d'un pinceau assez large. Vous pouvez ajouter à cette redoutable préparation de la bouillie bordelaise ou de la bouse de vache, qui, en dépit de son odeur très particulière, a une action fertilisante. La préparation, diluée et nettoyée par les pluies, rendra à l'écorce de l'arbre son aspect lisse et bien nourri.

Une écorce saine évitera la prolifération des maladies et des parasites xylophages.

Les écorces argentées sont à préserver des champignons par un nettoyage régulier.

Les troncs, robustes, peuvent être nettoyés indépendamment des cycles lunaires. Préférez tout de même les apogées et périgées, lorsque la culture des fleurs et légumes est déconseillée, pour les bichonner.
Les 12 et 28 mars, les 9 et 24 avril, les 6 et 20 mai.

Les mousses et lichens ne sont à ôter que sur les arbres fruitiers. Sur les arbres d'ornement, ils assurent une protection contre le froid et le soleil. Ils sont aussi utiles aux oiseaux qui s'en servent pour garnir leurs nids.

Cultiver des graminées

Elles structurent le jardin, insufflant aux plus arides de la fraîcheur et un design insolite : les herbes ornementales, ou graminées, remportent la palme de l'originalité.

L'herbe aux écouvillons, l'herbe de la Pampa, la briza maxima ou l'herbe aux cheveux d'ange sont autant d'espèces qui ravivent les coins les plus secs du jardin. Les graminées se plaisent en sol sec mais bien drainé, agrémenté de quelques poignées de sable. Par un jour feuille de lune descendante, aux premiers jours ensoleillés du printemps, plantez le pied généralement vendu en conteneur.
Libre à chacun de modeler l'espace selon ses envies. Certains préfèrent planter le pied en isolé, d'autres apprécient les pieds groupés, pour un maximum d'effets et de couleurs.
Les fétuques naines, le plus souvent bleues, sont des boules compactes idéales pour sculpter les tapis floraux des massifs et rocailles. Pour se préserver d'une vue déplaisante, plusieurs espèces de grandes tailles, telles les cannes de Provence, pourront constituer en pleine saison un rideau végétal salutaire. Enfin, variez les espèces : l'herbe sanglante du Japon, avec ses tiges rouge écarlate, se marie à merveille avec les inflorescences cuivrées des carex exotiques.

Un gîte pour papillons

Les graminées peuvent également être cultivées en pots. Veillez alors à utiliser un conteneur en bois imputrescible et à griffer la terre de surface afin d'éviter les eaux stagnantes.
Refuge idéal pour les insectes, les libellules et les papillons, les herbes ornementales demandent une taille d'entretien drastique à l'automne. Supprimez branches mortes et feuilles fanées afin que de nouvelles pousses puissent se développer. En début d'année, rabattez les chaumes et entassez-les dans un coin du jardin. Elles constitueront une tanière bien plaisante pour les hérissons qui apprécient de s'y calfeutrer.

Il n'est pas rare de rencontrer des herbes ornementales sur le littoral français.

Les chaumes ondulant sous le vent se plantent les jours feuille de lune descendante.

En pot ou en pleine terre, les graminées n'ont nullement besoin d'amendement de compost ou d'un quelconque terreau. Les chaumes, trop nourries, se rabattraient sur le sol, sans aucune autre alternative que le rabattage du pied.

Quelques roches au pied des tiges, quelques ardoises disséminées ci et là entre les plants et voilà un jardin minéral du plus bel effet.

La plantation de vivaces

Elles peuvent être de toutes les hauteurs, de toutes les couleurs et de tous les parfums : les vivaces méritent une place de choix dans tous les jardins.

Les vivaces encouragent à la paresse et à l'oisiveté au jardin… Qu'on ne se méprenne pourtant. La fin du mois de février et le début du mois de mars sont les périodes les plus adéquates à la plantation de vivaces, bien que celle-ci soit réalisable toute l'année, excepté en période de gel. Alors certes les vivaces poursuivent d'une année sur l'autre leur floraison de façon indépendante sans soin particulier, mais il faut tout de même les mettre en terre, les jours fleurs de lune montante.

La plus grande précaution s'impose au moment de la plantation. Prenez soin de ne pas blesser les racines en ôtant la motte du pot. Dans un trou à peine plus large que la motte, jetez une poignée de compost bien tamisé pour aérer le sol et le rafraîchir durablement.

Recouvrez ensuite de terre légère le pied bien enterré, puis attendez quelques jours avant d'arroser.

Une place à part

À moins de favoriser l'achat coup de cœur, définissez au préalable l'emplacement des vivaces convoitées. Certaines, de par leur port altier, comme le cosmos, n'auront pas la place méritée en couvre-sol. Elles seront au contraire magnifiées en massifs, mariées à quelques annuelles ou bisannuelles. Les primevères des jardins, les violettes ou petites pervenches sont idéales en bordures, tandis que les délicats cœurs de Marie, asters des Alpes et phlox seront appréciés sur un talus capricieux.

Pour les vivaces plantées l'an dernier, procédez dès maintenant à une coupe nette des anciennes vivaces aujourd'hui asséchées afin de faire place nette pour les nouvelles pousses qui ne devraient pas tarder à apparaître.

Les élégants cosmos sont des vivaces très appréciés.

Le gage de réussite des vivaces est une plantation en lune montante ou un semis en lune descendante.

Les semis de vivaces s'effectueront en lune montante, du 8 au 22 février. Mais pensez auparavant à définir les catégories : plantes à feuilles ou à fleurs !

Entretien et plantation des vivaces :
27 et 28 janvier, 24 et 25 février, 5 mars.

L'entretien des rosiers

L'entretien du plus romantique des arbustes peut-être réalisé toute l'année. Encore faut-il lui attribuer une coupe opportune et observer quelques gestes prompts à lui conserver une ramure dense.

Le rosier a grand besoin d'un sol propre et aéré pour s'épanouir harmonieusement. Un binage régulier pour casser les croûtes de la surface de terre en hiver, puis pour maintenir la fraîcheur en saison chaude est indispensable. Le buttage du pied, pour éviter les gelées, devra être maintenu et consolidé jusqu'à ce que le risque de gel soit totalement écarté.

En lune descendante, les jours fleur, inspectez les branches et ôtez les fleurs fanées d'une coupe nette et biseautée. Il est préférable de couper audessus d'un œil afin de permettre le développement du rosier. La coupe ne doit pas meurtrir la branche. Assurez-vous de l'efficacité des lames du sécateur avant toute taille et sectionnez la branche en conservant l'angle saillant au côté opposé du bourgeon. Ainsi, l'eau ne ruissellera pas sur ce dernier, entraînant son pourrissement.

Aérer la ramure

Quand reviendront les beaux jours, les gourmands s'en donneront à cœur joie au pied du rosier et sur les branches. Ces fines pousses d'un vert tendre absorbent la sève au détriment du rosier. Il est très important de les traquer et les éliminer avant qu'elles n'étouffent définitivement l'arbuste.

D'une façon générale, toute branche tournée vers l'intérieur, trop sèche, abîmée ou porteuse de maladie devra être retirée. Plus un rosier respire et laisse pénétrer la lumière au cœur de la ramure, plus il sera productif. Si en dépit d'un entretien régulier la base se dégarnit, n'hésitez pas à rabattre court l'ensemble des branches tous les trois ans, les nouvelles pousses n'en seront que plus vigoureuses.

Il faut distinguer la formation d'yeux et de boutons.

La taille des rosiers peut être réalisée toute l'année selon des règles de bon sens, pour respecter la ramification des futures pousses.

La taille de la ramure ne doit pas exclure une inspection minutieuse des pieds de rosiers, ainsi que la suppression des gourmands qui émanent de la base.

Entretien et plantation des vivaces :
27 et 28 janvier, 24 et 25 février, 5 mars.

Planter des haies

Pour se laisser aller à l'oisiveté les jours estivaux de nœuds lunaires et cacher des regards courgettes et pêches roses, plantez d'une haie de conifères ou de troènes.

Arbres à feuillage caduc ou persistant, la période de plantation s'étend du mois de novembre à mars. Qu'il s'agisse de magasins spécialisés ou en pépinières, les arbres présentés en motte ou à racines nues sont souvent le gage d'un meilleur résultat. Le système racinaire étant généralement plus dense, il augure d'un plus sûr développement. Bannissez les racines abîmées ou sèches, il faut au contraire que celles-ci soient bien fraîches et saines.

Une plantation en jours feuille et en lune descendante permettra un bon développement relativement rapide de l'arbre. Plantez-le dans un trou d'un diamètre deux fois supérieur à la motte et ajoutez lors de l'enfouissement un peu de compost.

Taille au cordeau

Après plusieurs saisons, une haie peut, en dépit de tailles régulières, se désépaissir par endroits, s'effilocher et se dégarnir à la base. Il est bon, tous les trois ans, de s'astreindre à une taille sévère dans les règles de l'art, en tirant au cordeau pour une coupe parfaite.

De part et d'autre de la haie à égaliser, plantez solidement au sol deux piquets entre lesquels il vous faudra tendre une ficelle. En respectant la linéarité de cette dernière, votre haie, digne des parterres de Le Nôtre, se renforcera et repoussera, à votre plus grand bonheur, de façon plus harmonieuse au printemps prochain.

© fuxart - fotolia

Une haie de troènes ou de conifères protège du regard et d'un ensoleillement trop important des cultures.

Une haie régulièrement taillée selon les rotations lunaires conservera pendant des années sa densité.

Plantation et entretien des haies en lune descendante, jours feuille.
Dates : 8 et 9 novembre, du 16 au 18 novembre, 5 et 6 décembre.

La plantation et la taille des haies doivent satisfaire aux règles de bon voisinage. Ainsi, une haie mitoyenne ne doit pas dépasser 2 m de hauteur, du pied à la cime.

Topiaire, l'art de plaire

À l'origine des jardins à la française dans le pur style des parterres de Lenôtre à Versailles, l'art topiaire, du latin « topiaira » (paysage), est aujourd'hui à la portée de tous.

Ne parlez plus d'aménagement du jardin ni de taille d'entretien, il faut ici chuchoter pour évoquer l'art topiaire… Une délicate paire de ciseaux, un patron de carton pour le profil du buis à toiletter et l'on se lance, fébrile mais impatient, à l'assaut du végétal à dompter.
La taille des topiaires consiste à donner aux végétaux de plus ou moins grande envergure des formes essentiellement géométriques.
On torsade, on sculpte, on galbe les sujets pour multiplier les silhouettes végétales.
Dans un premier temps, préférez les formes courbes à celles anguleuses. Les jours printaniers de lune montante, effectuez une taille de formation, avant la taille d'entretien à l'automne.
Le plus simple pour acquérir la maîtrise de l'art topiaire est de s'exercer sur des buis cultivés en pots, à qui l'on prêtera une forme ronde. Pour les grands sujets, on se juche d'abord avant de gagner les parties inférieures de la plante ou de l'arbre.

À en perdre la boule !

Sphère, cône renversé, pyramide, spirale entourant l'if ou le cyprès (les espèces les plus adéquates pour les torsades) ; les méthodes pour galber les silhouettes sont nombreuses. On peut recourir à une armature de grillage, étreindre la ramure dans une corde ou la façonner au cordeau. Car la taille d'une haie au cordeau est déjà de l'art topiaire en soi ! Si aujourd'hui le sapin semble alourdi et le buis hirsute, il faudra d'abord procéder à une taille massive pour les ragaillardir avant de penser au côté esthétique. Finies les formes rondes traditionnelles quand la main du jardinier, en plus d'être verte, devient ingénieuse et créative.

© Fotolia / Giba2

Deux boules de buis en pot suffisent à créer une ambiance dans les petits jardins.

L'art topiaire consiste à apporter au jardin de la fantaisie... réalisée avec la plus grande rigueur !

La plantation et l'entretien des arbustes destinés à l'art topiaire sont à réaliser en lune descendante, jours feuille. Les 6 et 25 mars. Les 3, 21, 22, 23 et 30 avril.

Les feuilles du buis en décoction, mélangées à quelques gouttes de rhum, présenteraient la vertu d'éviter la chute des cheveux. Cette décoction n'est pas à avaler mais à appliquer directement sur le cuir chevelu.

Entretien des pelouses

Jaunie, pelée, étouffée par les feuilles mortes, il est grand temps de songer à planter une nouvelle pelouse, pour s'allonger dans l'herbe verte dès les beaux jours revenus.

Les jours de semis doivent être bien choisis car la période propice ne s'étend que sur quelques semaines, de la mi-septembre à la mi-octobre selon les régions. Une fois déterminé l'usage de la pelouse, qu'elle soit d'agrément, rustique, de jeu, de détente ou d'ornement, lancez les invitations, vous aurez besoin de renfort.

Protéger les semis

Les températures douces et les rosées matinales favorisent la bonne prise des semis de gazon. Ces conditions climatiques permettront une implantation plus solide des graminées qu'au printemps. Le semis s'effectue à la volée, de façon croisée, avec une grande amplitude dans le geste. Arpentez ensuite le terrain avec un large rouleau pour attendrir le sol. Pensez à protéger vos semis d'un grand filet afin que les oiseaux ne fassent pas un festin de votre futur gazon.
Côté entretien, la perforation du sol permet une bonne respiration des pelouses avant le sommeil hivernal. Ratissez méticuleusement les pelouses afin d'éviter que des feuilles ne s'y décomposent et que des graines n'y germent. Celles-ci étoufferaient les parcelles de gazon ainsi privées de luminosité, entraînant leur pourrissement.
Enfin, n'oubliez pas d'éliminer régulièrement les champignons et les mauvaises herbes à la main, avant que ceux-ci ne prolifèrent.

Avant de semer du gazon, il est impératif d'en définir l'usage, décoratif ou de loisir.

Plantation et entretien des pelouses doivent être réalisés les jours feuille des phases de lune adéquates.

Plantation et entretien en lune descendante les jours feuille.
Dates : 8 et 9 novembre, du 16 au 18 novembre,
5 et 6 décembre.

Si en dépit d'une grande vigilance, de la pelouse a été semée dans une allée où on ne l'attendait pas, pas de panique : arrosez d'eau chaude les premiers brins d'herbe plutôt que d'utiliser un désherbant chimique.

Une pelouse champêtre

Le gazon pelé ou les étendues de terre disgracieuses se parent désormais de mille couleurs grâce aux infinies possibilités de prairies fleuries. On aime et on sème à tout va !

Fini le temps triste où les parcelles en friche se reposaient, après enfumage, d'une végétation passée. Désormais, on sème à tour de bras des pelouses fleuries d'annuelles ou de vivaces. Les matelas de fleurs ont le vent en poupe et l'on en trouve aujourd'hui pour tous les goûts. Sur un sol bien nettoyé, débarrassé des mauvaises herbes et préalablement aéré, semez large en passages croisés, afin d'éviter une mauvaise répartition des semis. Cette opération s'effectue bien sûr en lune montante, pour une meilleure levée, en jour fleur bien entendu. Merles et pinsons risquent de se régaler de vos précieux semis si vous n'y prêtez pas garde. Pour prévenir la gloutonnerie des oiseaux, installez jusqu'à la levée des graines un filet de protection ou disposez ci et là quelques rubans d'aluminium ou fils de couleur accrochés au bout d'un piquet.

Esthétique et utile

Ne lésinez pas sur l'arrosage après les semis, ainsi qu'aux jours de l'été les plus chauds. Passée la floraison, ôtez régulièrement les fleurs fanées. En fin de saison, fauchez les fleurs quelques jours avant la tonte, afin que les graines pénètrent dans le sol avant le passage de la tondeuse.

Mais le jardinier n'est pas le seul à tirer profit de ces friches fleuries puisqu'elles sont aussi salutaires à la faune. Certains sachets de graines de prairies fleuries sont destinés à la réalisation de parterres séduisant, au choix, les papillons ou les oiseaux. Les insectes pollinisateurs, quant à eux, s'en donneront à cœur joie pour dynamiser ainsi la fécondation et donc la production des fruitiers.

Les pelouses champêtres se sèment en lune montante, les jours fleur bien entendu !

Les espèces florales des pelouses champêtres attirent au jardin les insectes pollinisateurs.

Dès le mois d'avril dans les régions tempérées, le semis des pelouses champêtres est à réaliser en lune montante et jours feuille.
Les 5, 6, 15 et 16 avril. Les 2, 3, 4, 12 et 13 mai.

Pour une fois, n'apportez pas de compost à la parcelle où est semée la prairie fleurie. Les fleurs de ce mélange, généralement sauvages, ne le supporteraient pas. Cela entraînerait en outre la pousse de mauvaises herbes…

Du bon et du bio au potager

Inutile de recourir à des produits chimiques pour profiter de fruits juteux, de fleurs parfumées et de parterres impeccables. Quelques gestes bio suffisent pour entretenir le jardin de façon saine et équilibrée.

Surmontées de fines fleurs de couleur, les frêles tiges de luzerne, de moutarde et de trèfle sont excellentes pour renouveler les qualités nutritives du sol, assurant ainsi aux futures cultures potagères un nid bien confortable. Dans un terrain grossièrement retourné, mais où l'on aura pris soin de briser les mottes au préalable, l'engrais vert est semé à la volée, par geste croisé, pour une meilleure répartition.
Une fois les plantes poussées, le fauchage permet aux graines de se resemer. La terre sera retournée superficiellement afin d'y incorporer les herbacées asséchées, ce qui accentuera leur vitesse de décomposition.

Décoctions efficaces

D'autres plantes macérées réservent de bien heureuses surprises... Tel est le cas de la nauséabonde ortie macérée, qui en dépit de sa redoutable odeur est également redoutable pour les insectes. Dans un coin reculé du jardin, laissez tremper quelques pousses d'orties dans plusieurs litres d'eau puis répartissez le précieux « nectar » au pied des plants de tomates ou des rosiers.
Les décoctions de consoude et de prêle, réalisées selon la même démarche, redonnent vigueur et couleur aux plantes du potager, en agissant directement en faveur d'une montée en graines. Elles sont donc idéales pour relancer la floraison d'automne chez les espèces bisannuelles qui, parfois, se montrent capricieuses à la fin de l'été.

Les épluchures et autres déchets alimentaires, à l'exception des agrumes, fournissent un excellent compost pour le potager.

Il existe des moyens naturels pour éradiquer les prédateurs, sans recourir aux produits chimiques.

Bio oui, mais pas inconscient : brûlez sans attendre les herbes et fleurs malades. Ajoutées au compost, elles contamineraient l'amendement.

Pensez également à bien nettoyer les outils, porteurs de maladies. Pour cela, nettoyez les lames à l'aide d'un chiffon imbibé d'alcool et lavez les pots à l'eau de Javel.

Les plantes amies et ennemies

PLANTES AMIES + ENNEMIES -	ail	asperge	aubergine	betterave	carotte	céleri	chicorée	choux	ciboulette	concombre	courgette	dahlia	échalote	épinard	fenouil
ail		-		+	+			-		+					
asperge	-									+					
aubergine												+			
betterave	+							+					+		
carotte	+						+		+				+		
céleri						-		+		+					
chicorée					+			-		+					
choux	-			+		+	-			+	+			+	-
ciboulette					+										
concombre	+	+				+	+	+							
courgette												+			
dahlia			+								+				
échalote				+	+										
épinard								+							
fenouil								-							
fève									-				-		
framboisier			-												
haricot	-	+	+	+		+		+	-	+			-		+
laitue				+	+	-		+		+			+		
lentille	-	-											-		
melon								+		-	-				
menthe					+			+							
navet							+								
œillet d'Inde															
oignon		-		+	+			-		+	+				
persil		+													
poireau		+		-	+	+		-		+					
pois	-				+	+		+	-	+	+		-		
pomme de terre	+		-	-		-		+		-				+	
potiron								+		-	-	+			
radis					+	+		+		-				+	
rose	+								+						
tomate	+	+		-	+	+		+		-	+		+	+	-

fève	framboisier	haricot	laitue	lentille	melon	menthe	navet	œillet d'Inde	oignon	persil	poireau	pois	pomme de terre	potiron	radis	rose	tomate
		-		-								-	+			+	+
		+		-					-	+	+		-				+
	-	+											-				
		+	+						+		-		-				-
			+			+			+		+	+			+		+
		+	-								+	+	-		+		+
							+										
		+	+		+	+			-		-	+	+	+	+		+
-		-										-				+	
		+	+		-				+		+	+	-	-	-		-
					-				+			+		-			+
														+			
-		-	+	-								-					+
													+		+		+
		-															-
									-				+				
													-				-
			+		+			+	-		-	-	+	+	+		+
		+				+			+	-	-	+			+		+
									-								
													+	-			+
			+										+				+
		+															
		+											+	+		+	+
-		-	+	-							+	-	-		-		+
																	+
		-	-						+			-					+
		-	+						-		-		-		+		-
+	-	+			+	+		+	-			-					-
		+			-			+					-				
		+	+						-			+					+
								+									
	-	+	+		+	+		+	+	+	+	-	-		+		

Planter les arbres fruitiers

Les pêches qui nous ont régalés tout l'été invitent à envisager la plantation d'autres arbres fruitiers. L'automne est la saison propice pour songer aux délices du prochain printemps.

L'heure est à la plantation des arbres et arbustes fruitiers, la terre en automne étant encore chaude et suffisamment humide. Généralement vendus en conteneurs dans les magasins spécialisés, les plants de fruitiers requièrent à la plantation un important trou d'environ 1 m de diamètre et autant de profondeur. Dans cet espace largement supérieur à la taille de la motte, le mélange égal de terre précédemment extraite, de compost et de fumier sera incorporé à la moitié de la profondeur. Une fois la motte déposée sur sa couche nutritive, reste à déverser l'autre moitié du mélange.

Éviter une prise au vent

Empoignant le tronc encore frêle, le jardinier peut désormais procéder au tassement de la base du plant, sans outil et à la seule force du pied. Cette étape permet une meilleure prise de contact entre les racines et le mélange de terre et évite la prise au vent. Afin de parfaire la stabilisation et l'irrigation des racines, un arrosage abondant et le paillage du pied avec feuilles, tonte de gazon, paille séchée et compost assureront au plant un développement optimal.

Dès que les gelées ont entraîné la chute des feuilles, il faut songer à la plantation des fruitiers à racines nues. Une taille des racines, par le retrait de celles abîmées ou entremêlées, est souvent revigorante. De même pour les rameaux mal en point. La ramure et la surface des racines doivent être sensiblement équivalentes au moment de la plantation.

L'automne est la saison propice à la plantation des fruitiers.

Un bon tassement de la motte lors de la plantation évite la prise au vent et assure l'ancrage de l'arbre.

Plantation et entretien en jours fruit.
Phases de lune descendante.
Dates : 10 et 11 novembre, 7, 8 et 9 décembre en climats doux, au sud de la Loire.

Un vieux dicton précise qu'à la Sainte-Catherine, tout prend racine… Mais le 25 novembre, jour de célébration de la martyre, ne se prête pas tout à fait à la plantation, si l'on se réfère aux constellations.

L'entretien des petits fruits

Les dernières fraises englouties, il faut désormais prodiguer à ses arbres et arbustes fruitiers les meilleurs soins en vue d'améliorer la production des belles saisons à revenir.

D'un geste sûr, ôtez des arbres les fruits malades ou flétris avant de les brûler. Pour les arbres à fruits à noyau, un élagage en lune descendante, fin novembre, dynamisera la sève avant sa remontée le printemps prochain. Le brossage de tous les troncs de fruitiers âgés avant application d'une bouillie d'argile permet de les débarrasser des larves et des lichens asphyxiants, de même que le gui qui apprécie particulièrement de s'enrouler autour des pommiers.

Rabattez court !

Les fraisiers font grise mine et les framboisiers semblent bien mal en point. Coupez les tiges ayant porté des fruits, ainsi que les feuilles sèches de la base avec un sécateur propre. Ne laissez que des feuilles saines, sans insectes ni maladies. Sur le sol, l'épandage d'un compost frais et bien tamisé permettra aux racines de se gorger de nutriments sans étouffer.

Une fois la ramure des framboisiers aérée, ôtez les rameaux secs de la base. Rabattez court toutes les tiges des variétés remontantes et égalisez les branches encore saines des autres variétés. Paillez le sol avec du compost.

Cognassiers, groseilliers, cassis, myrtilles… en aérant le centre de la ramure, vous favoriserez le renouvellement du bois, porteur de fruits. Le vieux bois ne fructifiera plus, débarrassez-en le pied. La suppression des gourmands et la taille sous les yeux ayant porté des fruits pour favoriser l'apparition de futurs rameaux sont également de petits gestes minutieux indispensables à une bonne reprise de la maturation des fruits.

Sur les cognassiers, coupez le bois sec qui ne fructifiera plus.

Les framboisiers nécessitent à l'automne l'allégement de leur ramure.

Travaux d'entretien effectués en lune descendante, jours fruit.
Dates : du 19 au 21 novembre
et les 29 et 30 novembre.

Boutures réalisées de préférence en lune montante.
Dates : 2, 3, 19, 20, 29 et 30 novembre.

Derniers fruits et légumes

Avant que le froid ne saisisse les petites tomates que l'on a bichonnées tout l'été, il est impératif de hâter leur mûrissement.

Ôtez les plus petits fruits afin de concentrer la sève dans les plus développés. Pincez l'extrémité de la tige principale pour stopper la croissance de la plante. Effeuillez largement les pieds, jusqu'au premier bouquet non séché.
Lorsque les températures chutent en deçà de 15 à 17 °C, arrachez les pieds sur lesquels des tomates sont en cours de maturité et suspendez-les la tête en bas, afin d'alimenter les derniers fruits en ressources nécessaires à leur maturité.
La pomme de terre, au centre de nombreuses recettes automnales, peut encore rester sous terre. Si toutefois le tubercule de Parmentier vous tente, laissez reposer quelques heures sur la parcelle la pomme de terre débusquée.
Pour les cucurbitacées (courgettes, concombres, melons), pincez immédiatement les pieds au-dessus du plus gros fruit afin d'en anticiper le mûrissement.

Blanchiment

Salades et légumes à côtes pâlissent à vue d'œil plus l'automne avance. Pas d'inquiétude, ils ne manquent pas de ressources nutritives pour autant, ce phénomène appelé blanchiment résulte du manque de luminosité. Cette dernière vient à manquer et génère donc moins de chlorophylle, qui donne leur couleur verte aux plantes. Afin d'encourager le blanchiment et hâter la pousse, couvrez d'une surface opaque les derniers légumes. Leurs qualités gustatives ne sont pas remises en cause pour autant, bien au contraire : certains légumes, naturellement âpres, perdent ainsi de leur amertume.

Pincer immédiatement les pieds de potirons au-dessus du plus gros fruit permet d'anticiper leur mûrissement.

Les pommes de terre peuvent rester en terre tout l'hiver, mais sont aussi délicieuses au cœur de la saison.

Entretien des légumes-fruits en lune descendante.
Dates : du 19 au 21 novembre et les 29 et 30 novembre.

Entretien des légumes-feuilles en lune descendante.
Dates : 8, 9, 16, 17 et 18 novembre, 5 et 6 décembre.

Cueillir ses champignons

Qu'on les déteste ou s'en délecte, les champignons demeurent mystérieux. À bien observer leur jour de pousse, il semblerait que la corrélation avec les cycles lunaires soit évidente.

Des bottes, des gants, un panier et un couteau… Qu'il est bon de fureter dans les allées ombragées à la recherche de champignons. Il convient bien sûr d'être vigilant car nombre d'entre eux sont impropres à la consommation. Cèpes, bolet, trompettes-de-la-mort (délicieux en dépit d'un nom peu engageant) sont à se damner en fricassée. Pour être sûr de la qualité de votre récolte, faites un détour par la pharmacie pour vous assurer de sa comestibilité.

Une mystérieuse récolte

Mais pourquoi certains jours les champignons prolifèrent et semblent à d'autres moments se raréfier ? Loin de des rites et des croyances ancestrales, la prolifération de champignons lors des phases ascendantes de la lune a été avancée et argumentée par des scientifiques. Sans que l'on puisse expliquer toutefois pourquoi, le magnétisme de la lune est tel en ces périodes, que les champignons font leur apparition. Mais, si les champignons sont encouragés par la lune, ils sont inclassables dans les habituelles catégories de jours feuille, fruit, fleur et racine. Et ce n'est pas plus mal, puisque cela leur confère une aura particulière et leur attribue un caractère précieux qui entretient encore leur vénéneux mystère…

La variété est immense, mais la dangerosité également !

Demandez toujours à un pharmacien de confirmer la comestibilité des champignons cueillis dans les bois.

Les jours de pleine lune sont les plus favorables à la récolte des champignons : 30 mars, 28 avril, 28 mai et 26 juin.

Attention ! On ne peut amasser à sa guise un plein panier de champignons. Le nombre récolté est soumis à une loi du code forestier : il est interdit, même sur un terrain public, d'en ramasser plus de 5 litres par jour.

Les légumes d'hiver

Quand les légumes-fruits boudent les potagers et les cuisines, les légumes-feuilles égayent encore les paniers et les parcelles.

Les récoltes se raréfient et la maturation des légumes est plus lente. Les dernières salades plantées en octobre semblent flegmatiques. Le soleil est encore là et les températures agréables, mais mieux vaut les couvrir d'un voile d'hivernage pour éviter le gel et s'en délecter prestement.

Aux abris !

Les romaines, batavias et autres feuilles de chêne doivent désormais laisser la place aux légumes d'hiver, qui nous régaleront pour certains jusqu'au printemps. Mais pour un développement optimal, il faut suivre quelques règles. Afin d'éviter que les eaux stagnantes ne gèlent au pied des légumes, la plantation sur une butte permet à l'eau de pluie et d'arrosage de ruisseler. La mâche, les blettes et l'oseille peuvent être plantées à l'air libre dans le jardin pour les régions relativement épargnées par les hivers rigoureux. Quelles que soient les températures, la culture sous abri permettra, quoi qu'il arrive, une récolte précoce appréciable, particulièrement pour la roquette, les épinards, le pissenlit et le cresson. Les légumes-racines, bien à l'abri des variations thermiques, n'ont pas besoin d'abri et peuvent être semés directement en place, en lune montante. Pour un meilleur développement des racines, mélangez à la terre quelques poignées de sable. Carottes, radis, navets et autres topinambours poursuivront leur développement à l'abri des regards, dissimulés sous un voile d'hivernage en attendant la levée.

Le potager d'hiver fait découvrir de nouvelles saveurs.

Bien qu'une protection soit souvent indispensable en hiver, beaucoup de légumes supportent très bien les rigueurs climatiques.

Semis des légumes-feuilles en lune montante.
Dates : 25 au 29 novembre.
Semis des légumes-racines en lune montante.
Dates : 4, 5 et 22 novembre, 1er et 2 décembre.

Repiquage et épandage de compost en lune descendante.
Dates : 8 et 9 novembre, du 16 au 18 novembre, 5 et 6 décembre, 17 et 18 décembre, du 23 au 26 décembre.

Cultiver des fleurs comestibles

Les fleurs s'invitent dans nos assiettes. Roses, pâquerettes et œillets d'Inde apportent couleurs et saveurs aux plats les plus classiques.

Les capucines ne se contentent pas d'égayer les carrés de tomates au potager. Elles peuvent également, comme beaucoup d'autres fleurs, rehausser les salades estivales. Feuilles séchées en infusion, racines râpées en décoction… et pourquoi pas pétales de fleurs en crudités ? Les fleurs comestibles, en plus d'être à la mode, sont délicieuses. Il est donc grand temps de se régaler de quelques pétales colorés, et d'épater ses invités !

Capucine et bourrache sont les plus souvent utilisées en art culinaire. Jaune orangé pour la première, bleu violacé pour la seconde, ces deux fleurs parsemées sur une laitue ou mélangées à la feuille de chêne sont du plus bel effet. En Asie, les délicates geishas consomment depuis fort longtemps les pétales de roses, auxquelles elles prêtent la garantie d'un teint frais et maculé. En Europe, pâquerette et œillet d'Inde commencent à faire une timide apparition dans nos assiettes.

Multicolore !

Aujourd'hui, les gastronomes sont encore frileux à l'idée de consommer certaines plantes fleuries. Pourtant, il y a bien longtemps que l'on se régale dans le sud de la France de beignets de fleur de courgettes par exemple. La même recette peut être appliquée à la fleur d'hibiscus et à la rose trémière.

Et si l'on dispose autour de l'assiette quelques pétales de tournesol mariés à quelques boutons de fuchsia ou de coquelicot, l'effet sera garanti !

Les beignets de fleurs de courgette participent à la bonne réputation de la cuisine du sud de la France.

© Fotolia / Virginie Pegoraro

Les capucines entrent fréquemment dans la préparation de salades estivales.

Graines germées et fleurs comestibles se sèment, se plantent et s'entretiennent évidemment les jours adaptés à leurs catégories, qu'elles soient fruits/graines, fleurs ou feuilles.

Disposez dans les compartiments du bac à glaçons quelques pétales de fleur, ils seront du plus bel effet dans les cocktails ou les verres d'eau pétillante !

Choyer ses plantes d'intérieur

L'hiver au salon peut être luxuriant si l'on observe quelques règles basiques pour l'entretien des plantes d'intérieur. Rempotage, arrosage et luminosité sont les clefs de la réussite.

Plantes grasses, fleurs exotiques et cactées sont les espèces les plus fréquemment cultivées en intérieur. Pour leur assurer une croissance pérenne, le rempotage au cours du repos hivernal, un jour de lune descendante, est indispensable. Mais attention ! Il est inutile de tripler le diamètre du contenant en espérant tripler par là même la taille de la plante. Le nouveau pot ne doit dépasser le diamètre de l'ancien que de quelques centimètres. Le cas échéant, une mauvaise répartition de la terre créerait des poches d'eau entraînant le pourrissement des racines et la mort de la plante.

Au fond du pot, disposez quelques tessons de céramique ou une poignée de billes d'argile afin de drainer l'eau des arrosages trop copieux. En plaçant sous le pot une coupelle à haut rebord, vous éviterez que l'excès d'eau n'abîme la surface sur laquelle la plante est posée. Veillez toutefois à ne pas laisser d'eau stagnante dans la coupelle. L'humidité doit être maintenue à la surface de la terre mais ne doit pas parvenir à saturation, afin de ne pas asphyxier la plante.

Désert ou tropique ?

Toutes les plantes d'intérieur ont évidemment besoin de luminosité, mais à quelques nuances près. Les plantes de désert – cactées, plantes grasses – sont habituées à un plein ensoleillement, elles devront donc bénéficier d'une très grande luminosité. Au contraire, les plantes exotiques, poussant à l'origine à l'ombre des grands arbres de la forêt tropicale, se plaisent dans une lumière tamisée. Pour ces dernières, la vaporisation d'eau sur les feuilles permettra de maintenir un taux d'humidité que l'atmosphère d'un salon ne permet pas naturellement.

Les plantes exotiques apprécient les intérieurs secs des appartements.

Maintenir une humidité constante offre un repos hivernal douillet aux plantes d'intérieur, qui ont besoin de beaucoup de lumière.

Entretien des plantes à fleurs en lune descendante
les 27 et 28 janvier, les 5, 6, 24 et 25 février,
le 5, 23 et 24 mars.

Entretien des plantes à feuilles en lune descendante
les 29 janvier, les 7 et 26 février, les 6 et 25 mars.

Des plantes pour dépolluer ?

Elles se disputent la vedette sur les étals des magasins bio et chez les fleuristes branchés… Les plantes dépolluantes nous aident, paraît-il, à respirer un air plus sain.

Produits d'entretien, meubles en aggloméré, plastiques et peintures dégagent souvent des composés volatils néfastes à notre santé. Une bonne aération des pièces à vivre et quelques plantes d'intérieur bien choisies peuvent aider à lutter contre ces pollutions olfactives pourtant inodores. La plupart de ces plantes dépolluantes sont tropicales ou exotiques, elles ont donc besoin de beaucoup de lumière et d'une hygrométrie adaptée. Les pièces trop sèches ne leur permettraient pas d'exercer pleinement leurs vertus assainissantes.

Intox ou détox ?

Le figuier pleureur, plus connu sous son nom latin de Ficus benjamina, neutralise les particules volatiles de xylène et de formaldéhyde, le plus souvent présentes dans la composition des bois agglomérés.

Le chatoyant croton, friand de lumière et avide d'humidité, s'avère être efficace près des meubles cirés, dont il capture les émanations toxiques. Le chrysanthème présente également des vertus contre toutes les pollutions domestiques, au contraire de l'azalée qui dépollue les pièces où sont entreposés des produits d'entretien.

Palmier, caoutchouc et chlorophytum ont la réputation d'intervenir respectivement contre les peintures, dissolvants et térébenthine, et contre la nicotine, et absorbent les émanations toxiques d'un chauffage d'appoint.

Enfin, l'élégant spathiphyllum fait un pied de nez aux décorateurs d'intérieur : il capte les éléments néfastes émis par les enduits, colles, peintures, vernis et mastics.

S'il capte la lumière, le croton capture également les émanations toxiques des meubles cirés.

De nombreuses plantes d'intérieur possèdent des vertus dépolluantes.

L'entretien des plantes exotiques, appréciées pour leur feuillage, est à réaliser en lune descendante, les jours feuille.
Les 6 et 25 mars. Les 3, 21, 22, 23 et 30 avril.

Certes ils dépolluent, mais ils peuvent également causer du tort ; les ficus et autres plantes exotiques peuvent à long terme faire apparaître chez certaines personnes une sensibilité au latex.

Entretenir une orchidée

Ces magnifiques orchidées au port altier suscitent souvent l'appréhension des jardiniers, en raison de leur fragilité. Le phalaenopsis, une espèce plus robuste, joue l'illusion à merveille.

Après tout, il s'agit tout de même d'une orchidée… Il n'y a donc pas à rougir de la culture d'un phalaenopsis. Parce qu'il est plus robuste, ce dernier demande un entretien moins singulier que celui de la frêle orchidée. Cependant, il faut tout de même veiller à réunir des conditions propices à son bon développement.

Les phalaenopsis poussent généralement sur les troncs d'arbre humides des forêts tropicales d'Asie du Sud-Est, à l'ombre des frondaisons. Ils apprécient par conséquent une lumière généreuse mais indirecte et se repaissent d'une humidité constante.

Arrosage modéré

Il est impératif d'éviter les eaux stagnantes, tant pour les racines que pour le cœur des lobes floraux. Un arrosage excessif entraînerait le pourrissement et la mort des racines. Celles-ci, très fragiles, méritent un soin particulier. Épaisses et très nombreuses, elles n'hésitent pas à sortir du pot et à gagner le pied de la plante. Ne les coupez surtout pas, ces racines témoignent justement de la bonne santé de la plante. Dans le milieu naturel de l'orchidée « papillon », ces longues racines permettent à la fleur de s'agripper aux troncs d'arbre. Habituée aux pluies saines, la plante ne supporterait pas un arrosage à l'eau du robinet. Préférez-lui, avec parcimonie, une eau filtrée ou minérale. Le rempotage est inutile et serait même fatal à la plante. D'une part, le transplant n'influera nullement sur sa taille, d'autre part, un pot trop grand pourrait asphyxier les racines, qui se plaisent davantage dans un substrat léger que dans du terreau ordinaire.

Enfin, le phalaenopsis étant une plante frileuse, épargnez-lui les courants d'air et les ouvertures de fenêtre sur sa hampe particulièrement fragile.

La délicate orchidée a besoin d'humidité et d'une lumière indirecte pour se développer.

Le phalaenopsis n'a pas à rougir de la comparaison avec sa proche cousine l'orchidée.

Oui à la lumière indirecte, à un pot de taille moyenne et à une humidité constante. Non aux courants d'air, à l'eau stagnante et aux températures fraîches.

Les origines étymologiques du phalaenopsis remontent au grec ancien et signifient papillon.

LES VÉGÉTAUX

Amaryllis

L'amaryllis est une plante de pleine terre uniquement. Celles que l'on prétend comme telles et vendues en pot sont en réalité des hippeastrum. L'*Amaryllis belladonna* puise ses origines en Afrique du Sud.

© Fotolia / Barbro Bergfeldt

L'amaryllis belladona est une plante bulbeuse qui mérite un emplacement très ensoleillé au jardin.

Assez proche esthétiquement du lis, l'amaryllis belladonna se compose d'une longue tige fuselée surmontée de grandes fleurs en bouquets. Le bulbe d'amaryllis belladonna doit être planté profondément en lune descendante, au printemps. Sa croissance mérite une exposition ensoleillée et abritée, un sol bien aéré et drainé.

Récolte

La floraison dépend de l'arrosage. La suspension de ce dernier, courant octobre, force la plante à entamer le repos de la végétation. Les feuilles dépéries sont sectionnées à la base, en attendant les prochaines pousses. Il est impératif de protéger les pieds en hiver, à l'aide de feuilles mortes. Tous les 3 ans, multipliez les sujets par division des caïeux.

L'hippeastrum

Dans le cas d'une amaryllis hippeastrum, cultivé en pot, les fleurs apparaîtront de façon aléatoire, généralement 3 mois après la plantation, quelle que soit la saison. Le calendrier a peu d'influence sur la culture de l'amaryllis hippeastrum puisque celle-ci se fait en intérieur.
Une fois la floraison terminée, laissez les feuilles sécher par elles-mêmes, celles-ci permettent au bulbe de se ressourcer en vue de la prochaine floraison.

Les amaryllis belladonna sont des fleurs de rocaille. Elles peuvent être associées à des couvre-sols ou des fleurs tapissantes. Elles se plantent en lune descendante les jours fleur : les 23 mars, 23 avril et 22 mai.

Arrosage	Abondant jusqu'à l'automne
Floraison	Septembre / octobre

Famille	Amaryllidacées
Nom latin	*Amaryllis belladonna*
Catégorie	Fleur
Semis	(Rare) en lune montante
Plantation	D'avril à fin mai
Sol	Léger, bien aéré

Bambou

Il n'est ni tout à fait une plante, ni vraiment une céréale, certains botanistes l'associent au blé, au riz ou même à une catégorie très particulière de gazon ; bref, l'inclassable bambou est devenu ces dernières années un végétal exotique très prisé dans nos jardins.

Il grimpe, il grimpe le bambou, que l'on rencontre de plus en plus souvent en Occident.

Aujourd'hui, il n'est pas rare d'admirer un majestueux bambou jusqu'aux confins de la région parisienne, loin de la jungle tropicale. Si l'on exclut le bambou nain, le véritable bambou, graminée ligneuse, permet de se protéger du regard, du soleil, sans occulter totalement la vue. Le bambou peut ainsi être considéré comme une plante-feuille et sera donc appréhendé selon cette catégorie de culture lunaire. Bien qu'il puisse dans certains cas, rares dans nos contrées, être cultivé pour son rhizome. Il conviendrait alors d'adapter les soins à la période adéquate le cas échéant.

Entretien

Tant que ses tiges sont abritées du vent et d'un soleil trop cuisant, le bambou apprécie de développer ses racines dans un sol frais et bien drainé. Côté racinaire justement, le bambou aime prendre ses aises et se développe souvent largement hors des parcelles qui lui sont attribuées… Il est important, dès la plantation, de circonscrire l'espace autorisé pour l'étendue des rhizomes, si l'on ne veut pas se laisser envahir.

Conseil

Côté floraison, il faut s'armer de patience. L'apparition de boutons floraux peut se faire désirer plusieurs dizaines d'années. Il ne faut donc pas cultiver le bambou dans un souci floral, sinon, la déception sera grande.

Une haie de bambou n'exige pas une taille aussi régulière que les troènes et les conifères.

Plantation ou entretien	Jours feuille en lune descendante

Famille	Poacées
Nom latin	*Phyllostachys* ou *Pleioblastus* (selon la variété)
Type	Graminée à feuillage persistant
Plantation	Toute l'année
Sol	frais et bien drainé

Crocus

Une tâche de couleur dans la neige, la première apparition florale au jardin quand l'hiver vit ses derniers jours... le crocus suscite dans le cœur du jardinier une grande joie. Celle de voir enfin revenir les premières fleurs du jardin.

Le crocus, dont la floraison se poursuit d'une année sur l'autre, est un ravissement au cœur de l'hiver.

D'année en année, la touffe de crocus deviendra de plus en plus florifère, à condition d'observer quelques règles de vigilance. Lors de la plantation, en lune descendante et jours fleur, veillez à ne pas déposer le bulbe dans un trou conique, réalisé à l'aide d'un plantoir, car les racines se développeraient dans le vide et la floraison serait évidemment beaucoup plus capricieuse. En revanche, une fois le bulbe confortablement installé sous terre, dans un trou à fond plat, aucune autre obligation d'arrosage, de binage ou de paillage n'est utile à sa floraison. Il n'est pas non plus indispensable d'ôter le bulbe de la terre une fois la floraison terminée.

Récolte

Il n'est pas très fréquent d'utiliser les crocus dans la composition de bouquets. Ceux-ci ne feraient pas long feu, quelques heures tout au plus. Juchés sur une petite tige, les boutons floraux flétrissent très rapidement hors sol. Cependant, il est très important de laisser la fleur se faner d'elle-même dans les jardins, et de ne pas couper sa tige dès qu'elle pique du nez. Le bouton se gorgera de soleil avant d'emmagasiner suffisamment d'énergie pour l'hiver prochain.

Conseil

Le safran provient du pistil de crocus sativus, aux pétales mauves. Ne consommez pas le pistil de vos crocus de jardin, ils ne sont pas comestibles. N'envisagez pas de vous lancer dans la production safranière, un kilo de safran nécessite la coupe de 150000 fleurs !

Bien qu'idéale en pleine terre, la culture du crocus est possible forcée en pot, sur le bord d'une fenêtre ensoleillée.

Catégorie	Fleur
Plantation	Lune descendante

Famille	Iridacées
Nom latin	*Crocus chrysanthus / vernus*
Type	Bulbeuse vivace
Plantation	Octobre / novembre
Floraion	Fin janvier / février
Sol	Tous types

Hortensia

Idéal le long d'un mur de granit dans les contrées bretonnes, l'hortensia est un arbuste d'ornement rustique qui se plaît aussi partout en France.

Si l'hortensia est la fleur la plus répandue en Bretagne, elle se plaît à peu près partout ailleurs en France.

Souvent acheté en pot, l'hortensia préfère être replanté au printemps et à l'automne, afin que son système racinaire soit bien développé lors des gelées ou des périodes de sécheresse. Sa plantation s'effectue les jours fleur lors des phases de lune descendantes.

Bien qu'un apport en terre de bruyère ne soit pas nécessaire lors de la transplantation de la motte, les hortensias apprécient les sols non calcaires ayant bénéficié quelques mois auparavant d'un apport de tourbe. Un arrosage abondant est indispensable pour la croissance de la plante, tandis qu'une exposition au nord limitera les dégâts d'un trop grand ensoleillement.

Entretien

Généralement de couleur rose pâle à fuchsia, les pétales de l'hortensia peuvent virer au bleu profond lorsque le sol est enrichi en sulfate d'aluminium.

Lors des tailles d'entretien, seules les vieilles branches sèches et alourdissant la ramure devront être ôtées. La floraison se produisant toujours à l'extrémité des branches de l'année précédente, une taille trop rigoureuse amoindrirait la production de boutons floraux.

Récolte

Il n'y a guère de moments plus propices pour se constituer un bouquet champêtre. Afin d'éviter les trouées dans les ramures, favorisez la coupe de branches basses.

Afin de garder tout l'hiver la couleur des hortensias, faites sécher les bouquets suspendus par la tige dans un endroit sec dépourvu de lumière, le temps que la tige et l'inflorescence soient totalement desséchées.

Plantation ou entretien	Jours fleur en lune descendante

Famille	Saxifragacées
Nom latin	*Hydrangea macrophylla*
Type	Arbuste à feuilles caduques
Plantation	Printemps et automne
Sol	Non calcaire, enrichi en tourbe

Jacinthe

Ci et là apparaissent dans les massifs de magnifiques hampes florales parfumées. Si vous avez raté le coche de la plantation à l'automne, il est encore temps de conserver les bulbes des jacinthes achetées en pots et les replanter en septembre.

Si elle semble toiser ses voisines, la jacinthe perd au fil des années de sa superbe et de son parfum.

Certes, la jacinthe se plante à l'automne. Qu'importe, les fleuristes et magasins spécialisés rivalisent d'offres en cette fin d'hiver en proposant des jacinthes bleues, roses, jaunes, blanches, toutes magnifiques. L'an prochain, elles pousseront dans votre jardin si à la fin de leur floraison, vous sectionnez net les tiges au ras du bulbe que vous conservez dans un endroit sec, toujours en terre. D'ici quelques mois, en septembre, jours fleur et lune montante, vous pourrez procéder au transplant du bulbe et admirer, l'an prochain à pareille époque, la jacinthe pousser dans votre jardin.

Récolte

Les jacinthes ne sont pas des fleurs à bouquets mais des plantes d'intérieur disposées en pots. Il n'est donc pas aisé d'extraire la fleur, la racine, la motte et les racines pour les exposer dans un salon. Du plus bel effet au jardin, mieux vaut les y laisser vivre et faner naturellement. Une fois les feuilles fanées et jaunies, extrayez les bulbes et conservez les sous abri en attendant de les replanter à l'automne.

Conseil

Que l'oignon soit ôté de terre à chaque fin de floraison ou laissé en terre, la jacinthe ne fleurira jamais deux années de suite avec la même intensité, tant dans la couleur que dans l'essence. Sa beauté s'affadit et décline d'une année sur l'autre. Il est donc préférable de planter dans les coins du jardin les plus exposés au regard des bulbes neufs chaque année et de recycler les anciens dans d'autres parties moins visitées.

Comme pour le crocus, il est envisageable de planter les bulbes de jacinthe dans des pots, afin de les exposer en intérieur.

Catégorie	Fleur
Plantation	Lune descendante

Famille	Liliacées
Nom latin	*Jacinthus orientalis*
Type	Bulbeuse
Plantation	Fin d'automne
Floraion	Au cœur de l'hiver
Sol	Enrichi, amendé

Jasmin

De floraison estivale, tel le jasmin blanc, ou hivernal, tel le jasmin d'hiver, l'odorant *Jasminum* est prétexte à forcer l'admiration du jardin, en toute saison.

Le parfum des fines fleurs du jasmin officinal est reconnaissable d'entre tous.

Le plus souvent utilisé en ornement de treille et pergola, le jasmin blanc, également appelé jasmin officinal, est une dégringolade de petites inflorescences très parfumées. D'exposition chaude et ensoleillée, il se plaît en un sol riche et bien drainé et ne nécessite pas d'entretien particulier, ce qui en fait une plante rustique. Lors de la plantation, veillez à incliner la motte vers le support des futures branches, afin que celles-ci n'aient pas à contrarier leur inclinaison naturelle une fois palissées.

Culture

Comme tout arbuste florifère, les jasmins sont plantés en lune descendante les jours fleur. Le jasmin d'hiver, que l'on confond parfois avec le forsythia, est composé de multiples branches fines aux extrémités desquelles se développent de petites fleurs dorées, dépourvues de parfum. Il s'agit là d'un arbuste très décoratif, à port souple, qu'une simple taille d'éclaircissage suffira à aérer.

Récolte

Les jasmins entrent rarement dans la composition de bouquets. Parfois, des variétés naines sont présentées en pots, fixées sur des tuteurs. Les différentes sortes de jasmin, dont l'on fait souvent retomber les branches fleuries, peuvent également constituer un excellent couvre-sol ou garnir un talus exposé plein sud.

Conseil

Le jasmin n'aime pas les hivers rigoureux. Les frimas installés, paillez le pied à l'aide d'un tapis de feuilles mortes ou recouvrez-le d'un voile d'hivernage.

Procédez à la taille massive du pied tous les 2 ou 3 ans, afin qu'il se regorge de sève pour les années à venir. Le jasmin se plante en lune descendante les jours fleur : les 23 mars et 23 avril, le 22 mai.

Floraison	Septembre / octobre pour le jasmin d'hiver
Sol	Frais et bien drainé

Famille	Primulacées
Nom latin	*Jasminum*
Catégorie	Fleur
Semis	Mars pour le jasmin officinal (à repiquer en mai)
Plantation	Printemps et automne, en lune descendante
Arrosage	Abondant à plantation puis modéré

Jonquille

La fière jonquille appartient à la famille des narcisses. Port altier, robe chatoyante et hampe filiforme, on la confond souvent avec la jonquille des bois, vendue par des cueilleurs improvisés le long des routes.

Elle est l'un des premiers soleils au jardin : la jonquille plantée en massif rivalise de beauté avec les espèces environnantes.

Elles requièrent une plantation automnale. Pas de panique cependant, le mois étant propice à vous procurer les bulbes de jonquille ou à diviser les mottes, c'est le moment de faire quelques provisions. Quand viendra la période adéquate à la plantation, jours fleur lune descendante, à partir du mois de septembre, on ne vous reprendra plus à omettre la plantation de celle que l'on appelle parfois la princesse des jardins. Préférez le regroupement des bulbes en terre plutôt qu'une plantation espacée, car la jonquille en touffe est beaucoup plus seyante dans un parterre de gazon ou un massif.

Récolte

Comme indiqué précédemment, les jonquilles sont très appréciées en bouquets. Dès leur floraison, en mars-avril, il faut procéder à leur coupe. Mais il est souvent difficile de choisir entre le fleurissement du jardin et celui du salon.

Conseil

S'il est tentant d'associer à la jonquille coupée en vase d'autres espèces de fleurs, il est impératif de s'abstenir : de la tige de la jonquille émane une substance dissoute dans l'eau et néfaste aux autres fleurs coupées, qui faneront précocement.

Plantée en groupe et en pot, la jonquille peut être du plus bel effet au centre d'un chemin de table.

Catégorie	Fleur
Plantation	Lune descendante

Famille	Amaryllidacées
Nom latin	*Narcissus jonquillus*
Type	Bulbeuse
Plantation	Septembre / octobre
Floraison	Redoux de fin d'hiver
Sol	Aéré

Lis

Qu'il soit tigré, royal ou blanc, le lis est magnifique et force toujours autant l'admiration. Contrairement à sa réputation farouche, il se cultive très facilement dans tous les jardins. Cultiver quelques lis au jardin est à la portée de tous, quelle que soit la région.

Les variétés de lis sont innombrables et peuvent être associées les unes aux autres pour un parterre multicolore.

Son seul caprice est d'être exposé sous un soleil généreux, dans une terre exempte de calcaire. Ces conditions réunies, alliées à quelques arrosages modérés, conduiront le lis vers une floraison certaine. S'il apprécie la lumière et l'humidité, évitez les eaux stagnantes qui entraîneraient son pourrissement. La variété qui se plante en mars est assez commune dans les jardins, il s'agit du lis specisum. Variété blanche, crème veinée de rose et de rouge, il se plante en mars pour une floraison de fin août début septembre. La plantation en lune descendante des bulbes de lis peut être agrémentée d'une poignée de sable. Dans le cas de la culture en pot, le buttage des pieds, comme pour les pommes de terre, permettra l'apparition de nouvelles racines adventives sur le pied, idéales si vous envisagez un transplant en pleine terre.

Récolte

Supprimer régulièrement les fleurs fanées si vous voulez éviter que la plante ne s'épuise trop précocement dans la saison. Si les fleurs sont destinées à des bouquets, laissez sur la tige en terre une hauteur de feuille suffisante afin que le bulbe puisse être suffisamment alimenté en vue de la prochaine floraison.

Conseil

Contrairement aux jacinthes, les lis restés en place ne s'affadissent pas avec le temps et ne demandent pas à être changés d'endroit. Au contraire, le transplant serait mauvais car le lis va chercher profondément en terre les oligo-éléments dont il a besoin pour se développer.

Dans les œuvres picturales de la Renaissance, le lis blanc symbolisait l'annonce de la naissance du Christ. Le jasmin se plante en lune descendante les jours fleur : les 23 mars, 23 avril et 22 mai.

Sol	Riche et acide
Récolte	De septembre à novembre

Famille	Liliacées
Nom latin	*Lilium*
Catégorie	Fleur
Semie	De fin mars à fin avril, en lune descendante
Plantation	De début avril à fin mai, en lune montante
Floraion	Fin août, début septembre

Rhododendron

Plante rustique par excellence, le rhododendron est la vedette des jardins. Souvent observé sur le littoral, il se plaît aussi beaucoup dans les terres.

Le rhododendron se plaît à mi-ombre en terre de bruyère, où il se développe majestueusement.

Si la floraison s'échelonne de la mi-avril à la mi-juin, la plantation est préférable à l'automne, dans un sol très riche en terre de bruyère. Les jours feuille lors des phases de lune descendante, creusez un trou deux fois supérieur en diamètre à celui de la motte à transplanter.
L'opération est à réitérer tous les cinq ans, surtout lorsque les plantes sont regroupées en massifs, afin qu'elles ne s'étouffent pas entre elles.

Entretien

Mieux vaut être prévenu, les rhododendrons poussent très lentement. Il faut donc s'armer de patience, surtout les trois premières années.
Mais il faut également s'armer d'un sécateur afin d'ôter, après la floraison, boutons fanés et branches rabougries.

Conseil

Si les rhododendrons supportent sans faiblir le plein soleil, ils se plaisent davantage dans les espaces ombragés. Les terres humides constituent un excellent point d'ancrage pour la plante. Les rhododendrons sont d'ailleurs les arbustes les plus fréquents sur les rives des lacs irlandais, zones humides par excellence.

Afin d'optimiser l'utilisation de la terre de bruyère, la plantation d'azalées, d'un érable ou d'hortensias offriront au rhododendron un voisinage coloré du plus bel effet.

Plantation ou entretien	Jours fleur en lune descendante

Famille	Éricacées
Nom latin	*Rhododendron*
Type	Plante robuste d'ornement à feuillage persistant
Plantation	Toute l'année (de préférence printemps et automne)
Sol	Profondément enrichi en terre de bruyère

Artichaut

À la fois fleur magnifique et légume délicieux, l'artichaut est réputé pour la base comestible de ses boutons floraux. Si le cœur d'artichaut n'est pas récolté avant floraison du bouton, une énorme fleur violacée fait son apparition.

L'artichaut est un régal pour les yeux autant que pour les papilles.

L'artichaut apprécie les terres faibles en calcaire, profondément ameublies d'une cinquantaine de centimètres et bien drainées. Dès le mois de mars, en lune montante et les jours fleur, disposez les plants en pleine terre, en godets espacés de 1 m. Il est important d'amender le sol en compost chaque automne lors des phases de lune descendante.

Entretien

Afin de prévenir l'attaque de pucerons, une pulvérisation de purin d'ortie, en lune montante, au printemps, évitera la prolifération des prédateurs. Pour protéger du froid et des fortes chaleurs, la réalisation d'un paillage protecteur, installé toute l'année, régulera la température au sol. Le buttage des pieds les protégera du froid hivernal.

Trois ans après la plantation initiale, prélevez et replantez au printemps, en lune descendante, les rejets des vieux plants, afin que ceux-ci ne dépérissent pas. Cette technique de multiplication est appelée l'œilletonnage.

Récolte

Bien enterrée, la souche d'artichaut est très résistante. Il faut généralement attendre la deuxième année pour que le pied devienne vraiment productif, de juin à septembre. Il le sera ensuite pendant au moins cinq années.

Une fois les œilletons du pied mère replantés, aménagez autour du nouveau plant une sorte de cuvette pour lui assurer une ressource en eau constante.

Semis	Lune montante
Repiquage/plantation	Lune descendante
Taille/division/récolte	Lune descendante

Famille	Astéracées
Nom latin	*Cynara scolymus*
Type	Vivace
Plantation	Mars
Sol	Frais et bien drainé
Catégorie	Fleur

Brocoli

Importé d'Italie par Catherine de Médicis, le brocoli était déjà apprécié par les Romains pour sa forme originale et son goût légèrement sucré. Ses fleurs à peine écloses peuvent également être consommées frites, comme les fleurs de courgette.

Hyper rapide à cuisiner et savoureuse, la tête de chou brocoli est un aliment très peu calorique.

Ses origines latines l'ont rendu exigeant. Le brocoli apprécie pour se développer un sol ni trop calcaire ni trop riche, largement enrichi en compost et bien aéré.

Procédez au semis en lune montante les jours fleur, en espaçant les graines d'une soixantaine de centimètres. Pour une récolte précoce et en région tempérée, un semis sous châssis permettra une levée plus rapide et protégée des aléas climatiques.

Une fois les jeunes pieds pourvus de quelques feuilles solides, repiquez en pleine terre en phase descendante. Pour poursuivre son développement, le brocoli a besoin de soleil sur le bouton mais de la fraîcheur au pied : binez et paillez régulièrement le pied afin de maintenir la fraîcheur du sol.

Une fois ces conditions réunies, veillez à bien protéger le collet car les insectes sont friands des jeunes pousses qui s'y multiplient. Pour éviter la mouche du chou, quelques capucines plantées autour du carré feront fuir les assaillantes.

Récolte

Avant que les premières fleurs ne fassent leur apparition, coupez les têtes à l'aide d'une lame fine bien aiguisée, les tiges sont souvent coriaces. Après retrait de la tête, d'autres bourgeons latéraux se formeront le long du pied resté en terre.

Si le temps semble incertain, arrachez les pieds et suspendez les brocolis tête en bas dans un endroit aéré, lumineux et frais. Cela permettra de les conserver 2 à 3 semaines avant dégustation. Plantation des brocolis : les 20 et 21 avril.

Sol	Frais, aéré
Plantation/repiquage	Juillet en lune descendante

Famille	Brassicacées
Nom latin	*Brassica oleracera*
Catégorie	Feuille
Semis	Juin en lune montante
Arrosage	Modeste, éviter les eaux stagnantes
Récolte	À partir de septembre / octobre

Citron

Cultivé en Chine deux siècles avant J.-C., le citron a beaucoup voyagé avant d'arriver dans les jardins d'Italie et du sud de la France. Chaque année au mois de février, la fête du citron de Menton, dans les Alpes-Maritimes, lui rend hommage.

Marginale au-dessus du Rhône, la culture du citron peut également être décorative en pot.

La multiplication du citronnier est à la portée de tous. Les jours fruits des phases montantes de la lune, le semis d'un pépin de citron est le point de départ d'un développement long mais annonciateur de grande satisfaction. Si l'on ne réside pas sur le littoral Méditerranéen, mieux vaut bannir la culture du citron en pleine terre. En revanche, la culture en pot est très répandue et permet le repli du citronnier aux abris entre début octobre et fin mars. Le citronnier ne demande pas un arrosage abondant et n'exige pas trop de soins. Il faut tout de même veiller à l'hydrater (davantage que l'arroser trop) assez régulièrement.

Récolte

Avant toute récolte, il convient de définir l'usage de votre citronnier : floral ou fruitier. Dans le second cas, la récolte des fruits en matinée de jours estivaux permettra au mieux l'agrément de cocktails, la décoration de table et d'assiettes mais ne pourra pas, hormis dans les régions méditerranéennes, constituer de par sa faible quantité de production, une réserve suffisante pour la confection de plats dont il serait la vedette.

Conseil

S'il est préférable de cultiver le citron sous serre ou en pot afin de le rentrer dans un endroit lumineux et chauffé en hiver, il est tout de même fortement déconseillé de lui faire endurer une température supérieure à 15 °C pendant plusieurs mois. Il s'accommoderait encore mieux d'une température ne descendant pas sous le zéro, en restant dehors, sous un abri de fortune.

Râpez et conservez dans des sachets de mousseline la peau râpée des citrons. Elle pourra parfumer des infusions hors saison.

Taille/division	Lune descendante
Récolte	Toute l'année (hiver sous abri)

Famille	Rutacées
Nom latin	*Citrus*
Plantation	Toute l'année (hiver sous abri)
Sol	Frais et humide
Catégorie	Fruit
Semis	Lune montante

Crosne

Le crosne du Japon est une plante vivace cultivée comme annuelle dont les racines sont la partie comestible.

Pour faciliter l'arrachage des rhizomes, répartissez une mince couche de feuilles mortes sur la parcelle où poussent les crosnes.

Le crosne ne produisant pas de graines sous nos climats européens, sa culture est permise par multiplication de ses rhizomes tubéreux, auprès de marchands de légumes, juste avant leur mise en terre. Celle-ci, effectuée en jours racine et lune montante, courant février / mars, est permise dans tous les types de sols. Elle doit en revanche être immédiate après l'achat, car les tubercules noircissent très rapidement à l'air libre.

Récolte

Les crosnes ne doivent être extraits qu'au gré des besoins pour ne pas dépérir, environ une dizaine de mois après la plantation. La période propice à leur extraction se situe entre novembre et mars. Le dessèchement des feuilles est le meilleur indicateur de récolte optimale des racines.

Conseil

Afin de permettre des récoltes même par temps de gel, une fine couche de feuilles conservera une température ambiante sur la parcelle, facilitant ainsi l'extraction des tubercules.

Après récolte et avant cuisson,
le fin film protecteur qui couvre
les tubercules sera ôté par frottement
à l'aide d'un fin chiffon
très légèrement abrasif.

Semis	Lune montante
Taille/divion/récolte	Lune descendante

Famille	Lamiacées
Nom latin	*Stachys Tuberosa*
Type	Légume racine annuel
Plantation	Février / mars, en poquets profonds
Sol	Léger, amendé en sable
Catégorie	Racines

Échalote

Souvent considérée comme une variété d'oignon, l'échalote est pourtant un tubercule bien singulier au goût bien prononcé.

L'échalote aurait été introduite en Occident par les Francs, après la première croisade.

À la fin de l'hiver au nord de la Loire et en automne pour les régions plus au sud, griffez la parcelle, émiettez les mottes de terre compactes et ôtez les racines et cailloux de l'espace réservé à la culture de l'échalote. Au fond d'un sillon, installez tête en haut les tubercules en jours racine, en lune descendante, à une quinzaine de centimètres de distance. Contrairement à l'oignon, le bulbe de l'échalote donne naissance à plusieurs caïeux, dont la taille est similaire au bulbe initial.

Récolte

Au printemps pour les régions au sud, en été pour les régions moins ensoleillées, les échalotes se récoltent par extraction de la terre, ou bien à l'aide d'un transplantoir, afin de ne pas abîmer les tubercules. Une fois les échalotes récoltées, laissez reposer les bulbes une journée sur la terre avant de les placer en cagettes pour une meilleure conservation.

Conseil

Il vaut mieux se procurer chaque année de nouveaux bulbes de plantation plutôt qu'utiliser ceux de la récolte précédente, qui peuvent être porteurs de virus ou de maladies et contaminer d'autres plants potagers. L'échalote craint l'excès d'humidité qui peut entraîner une pourriture des caïeux. Un sol enrichi en sable et une exposition plein soleil lui sont donc préférables.

Si le compost est le meilleur allié du développement des plantes potagères, il peut, en revanche, être à l'origine du pourrissement des caïeux d'échalotes.

Semis	Lune montante
Repiquage/plantation	Lune descendante
Taille/division/récolte	Lune descendante

Famille	Liliacées
Nom latin	*Allium ascalonicum*
Type	Bulbe condimentaire
Plantation	Février / mars, directement en place
Sol	Sableux, dénué de tout apport organique
Catégorie	Racine

Endive

Chicorée, chicon... l'endive porte différents noms selon les régions où elle est cultivée. Parfaite en salade, elle est aussi délicieuse cuite.

Quelle que soit sa couleur, l'endive en salade révèle en bouche tout son croquant.

À partir de fin avril pour les régions les plus douces, idéalement durant la deuxième quinzaine de mai au nord de la Loire, l'endive est généralement semée en place les jours racine lors des phases montantes de la lune. Espacés d'une vingtaine de centimètres, les pieds apprécient les sols profonds et bien ameublis. Les plants, après germination, n'ont plus besoin d'être arrosés. En revanche, un binage régulier leur est indispensable. Si toutefois un repiquage s'avère inévitable, attendez que le pied présente quatre ou cinq feuilles avant de replanter.

Récolte

Selon la date des semis, l'endive se récolte dès la fin du mois de septembre, début octobre pour les régions plus fraîches, mais toujours en lune descendante. Les chicons apprécient de rester quelques heures à reposer sur la terre après leur arrachage. Il est préférable d'arracher les racines par temps bien sec.

Conseil

Lors des gelées hivernales, recouvrez finement les pieds par une mince couche de feuilles.

Les cultivateurs ont recours à différentes méthodes pour mener à bien le développement des endives. Parmi celles-ci, la réalisation d'une tranchée préalable au semis, mais cela requiert énormément de place.

Repiquage/plantation	Lune descendante
Taille/divion/récolte	Lune descendante

Famille	Asteracées
Type	Légume racine
Plantation	Avril / mai, à la volée ou en poquets
Sol	Terre bien ameublie, dépourvue d'amendement
Catégorie	Racine
Semis	Lune montante

Fève

Chez les Égyptiens, la fève était au cœur des célébrations de l'Épiphanie, tandis qu'au début de notre ère, elle servait à honorer les rois mages venus célébrer la naissance de Jésus à Bethléem.

La fève revêtait, sous l'Antiquité, un caractère sacré. Elle est de nos jours très populaire dans de nombreux pays.

Préférant un sol frais et profondément ameubli aux sols compacts et acides, la fève se plante, en lune descendante les jours fruit, par graine isolée tous les 10 cm, enfouie à 5 cm de profondeur, en février-mars au-dessus de la Loire, à la fin de l'automne en Méditerranée. L'arrosage, en pluie fine, doit permettre le maintien d'une humidité constante du sol avant la levée, sous une dizaine de jours.

Entretien

Après la première floraison des plants, pincez au-delà de la sixième inflorescence pour accroître le développement des gousses. Une pulvérisation régulière de savon noir en lune montante, évitera aux pucerons, redoutables prédateurs des fèves, de s'attaquer aux gousses. Très indépendante, la fève ne nécessite aucun apport minéral, puisqu'elle se nourrit de l'azote de l'air.

Récolte

Trois mois après le semis, les gousses sont enfin prêtes à être récoltées, en commençant par celles situées au plus bas des pieds. Encore bien vertes et à peine mûres, les gousses les plus bosselées doivent être récoltées en priorité. Réputée pour son apport protéinique, la fève était l'aliment de base des paysans d'Europe médiévale, avant qu'ils ne découvrent la pomme de terre.

La culture de la fève constitue à elle seule un très bon piège à prédateurs et certains la cultivent exclusivement pour ses vertus insecticides, à proximité d'autres plantes potagères.

Semis	Lune montante
Taille/divion/récolte	Lune descendante

Famille	Fabacées
Nom latin	*Vicia faba*
Type	Légumineuse potagère
Plantation	Février / mars, directement en place
Sol	Tout type de terrains
Catégorie	graine-fruit

Fraise

Que celui qui a déjà boudé une fraise fraîchement cueillie au jardin se dénonce… Véritable régal et merveilleuse trouvaille, cachée derrière un parasol de feuilles vertes, la fraise est incontournable dans les jardins.

Elle court, elle court, la fraise… il faut éviter de se laisser envahir en installant quelques bâches noires autour des pieds mères.

Rares sont les espèces de fraises dont l'on peut semer les graines soi-même car les fraisiers s'obtiennent surtout par multiplication. Ainsi, la plantation en lune montante jours fruits des pieds en godets est le moyen le plus sûr d'obtenir une production de choix. Courant mars début avril, disposez en terre fraîche les pieds au système racinaire souvent déjà très ramifié.

Si le premier été la prolifération de fraises est un bonheur de chaque jour, elle devient vite gênante si l'on ne procède pas à l'arrachage régulier des nouveaux pieds spontanés autour du plant originel.

Récolte

Les premières fleurs, et donc les fruits, apparaissent très rapidement après la plantation, le fraisier n'étant pas une plante difficile. Il produit longtemps, des premiers beaux jours à la mi-septembre. En revanche, si l'hiver lui est bénéfique, les gelées tardives pourraient lui être fatales, pensez donc à revêtir les fraisiers d'un voile d'hivernage la nuit tombée, jusque mi-avril.

Conseil

Billes d'argiles, écorces de pin, feuilles mortes sont des paillis qui allient l'esthétique à l'efficacité. Ils peuvent donc être appliqués à la protection des pieds de fraisiers. Rien n'est plus pratique dans le cas présent qu'un film de PVC noir pour protéger le sol, le maintenir hydraté, empêcher la pousse des mauvaises herbes et maintenir la terre humide.

La fraise n'est pas un fruit mais une protubérance florale. En botanique, les vrais fruits du fraisier sont les petites graines, les « akènes », accrochées à la partie charnue de la fleur de fraisier.

Division	Lune descendante
Récolte	De début juin à fin septembre

Famille	Rosacées
Nom latin	*Fragaria vesca*
Plantation	Mars / avril
Sol	Aéré et enrichi
Catégorie	Fruit
Semis	Lune montante

Groseille

À grappes, noirs ou cassis, à maquereaux, les groseilliers devraient avoir une place dans chaque jardin… Mais leur culture demande un soin particulier et beaucoup de patience.

Encore meilleure dérobée sur l'arbuste, la groseille est très simple à cultiver et entretenir.

Rares dans le commerce, les groseilles font le bonheur des petits et des grands à la récolte, autant que la pomme de terre ou les tomates cerise. Faibles en calories et peu sucrées, elles entrent dans la composition de confitures, coulis et peuvent même accompagner une viande en sauce ! Profondément installés dans un sillon et espacés entre eux, les groseilliers tardent à donner leurs premiers fruits. Il faut attendre deux années avant qu'un fruit n'apparaisse sur les rameaux. Une fois le cycle de production de fruits lancé, celui-ci dure près d'une quinzaine d'années. Plantez en lune descendante le pied de groseillier dans un sol frais, en un lieu du jardin où l'exposition est modérée car les groseilliers craignent la sécheresse. Rabattez court au-dessus des premiers yeux et des rejets du pied pour encourager la ramification et à terme, la fructification.

Entretien

Au bout de trois années de culture, le groseillier ressemble davantage à un amas de bois sec qu'à un arbuste fruitier véritablement productif. En allégeant le centre de la ramure les jours fruit de lune descendante, la lumière pénétrera davantage au cœur de la plante et fera apparaître de nouvelles inflorescences.

Conseil

Bien que peu esthétique, un filet tendu au-dessus des groseilliers évitera que les précieux arbustes ne soient pillés par des oiseaux gourmets.

Avant la congélation des groseilles, faites-les durcir quelques heures puis ajoutez au sachet de congélation un zeste de citron et une cuillerée de sucre pour une meilleure tenue.

Division	Juillet / août
Récolte	Printemps / été

Famille	Saxifragacées
Nom latin	*Ribes*
Plantation	Septembre / octobre
Sol	Profond
Catégorie	Fruit
Taille	Hiver, lune descendante

Haricot vert

Il en existe des variétés innombrables : coco à rames, mangetout, morgane, merveille de Venise… Le haricot vert exige d'être dans tous les potagers tant ses vertus sont nombreuses.

La cueillette des haricots verts révèle bien des surprises car les rames se cachent souvent derrière d'imposantes feuilles.

Semées les jours fruit en lune montante, les graines de haricots verts ont un temps de levée assez rapide, de 6 à 8 jours. Les rames demandent un palissage dès leur apparition, afin de ne pas abîmer les jeunes pousses souterraines avec l'installation des tuteurs. Le sol, bien aéré, doit être suffisamment chaud pour que les graines puissent germer (une dizaine de degrés). Il est donc préférable de semer sous châssis si l'on veut consommer les haricots le plus tôt possible. Le buttage des pieds évitera que les tiges, même palissées, ne ploient sous le poids des gousses.

Récolte

Les semis pourront être réalisés jusqu'à mi-juin en pleine terre pour une récolte au plus tard mi-août. Il est bien sûr possible de poursuivre la culture des haricots au-delà de cette date mais elle devient ensuite capricieuse avec la diminution de l'ensoleillement et le rafraîchissement nocturne des températures. Passé le mois d'août, le haricot vert devient frileux et ses gousses flétrissent à mesure que le soleil disparaît.

Conseil

Certaines variétés de haricot sont dites « à parchemin ». Ce terme évoque une variété qui se consomme assez précocement, avant que des fils ne se développent dans la chair de la gousse. Les haricots sans parchemin, le plus souvent dits « beurre » ou mangetout, se consomment en totalité, sans être écossés.

© Fotolia / Steve Estranik

Christophe Colomb a importé le haricot vert ! Les haricots verts sont semés les jours fruit de lune montante : les 5, 6, 15 et 16 avril et les 2, 3, 4, 12 et 13 mai. Ils doivent être repiqués ou plantés en lune descendante : les 23 avril et 22 mai.

Arrosage	Quotidien, éviter les eaux stagnantes
Récolte	Du mois de juin à octobre

Famille	Fabacées
Nom latin	*Phaseolus vulgaris*
Catégorie	Feuille
Semis	D'avril à mi-juin en lune descendante
Plantation	D'avril à mi-juin en lune montante
Sol	Léger et réchauffé

Mâche

Rustique et sauvage, la mâche poussait autrefois en lisière des champs et sur le bord des routes. Elle est maintenant essentiellement cultivée autour de la Loire.

Idéale en salade en automne comme en hiver, la mâche présenterait des vertus antistress.

Au cœur de l'été, semez à la volée les graines de mâche, lors d'une chaude journée feuille en lune montante, afin de favoriser la levée du semis. Le sol, préalablement biné pour en assurer la fraîcheur, ne nécessite pas d'amendement particulier, la mâche n'étant pas une plante capricieuse. La parcelle devra, en revanche, rester fraîche.

Récolte

Selon la date des semis, qu'il aura été préférable d'échelonner pour une récolte tout au long de l'hiver, coupez soigneusement les plants à l'aide d'un couteau à lame fine de fin septembre au printemps suivant, de préférence en lune descendante.

Conseil

La mâche aime à prendre ses aises dans les jardins. Ne cultivez donc qu'un nombre de pieds adapté à vos besoins. Évitez la montée en graines au risque de ne plus pouvoir faire face à la prolifération des pieds au fil des années.

Semée au terme des récoltes estivales des autres légumes du potager, la mâche permet d'occuper la parcelle et évite ainsi la pousse de mauvaises herbes d'une année sur l'autre.

Semis	Lune montante
Repiquage/plantation	Lune descendante
Taille/division/récolte	Lune descendante

Famille	Valérianacées
Nom latin	*Valerianella olitoria*
Type	Légume-feuille bisannuel
Plantation	De fin juillet à fin septembre, à la volée
Sol	Frais et bien drainé
Catégorie	Feuille

Orange

La saveur d'une orange fraîchement cueillie est incomparable… Mais avant de réussir un tel prodige, il faut s'armer de patience et espérer un ensoleillement maximal !

Très difficile à faire pousser dans nos fraîches contrées, l'orange juteuse est la fierté des jardiniers.

Si votre jardin est situé au nord de la Loire, cette page n'est pas faite pour vous… Pour les jardiniers dont le coin de verdure bénéficie de températures chaudes et d'un soleil cuisant, la culture de l'oranger est une bénédiction. En pot ou en pleine terre, l'oranger demande un sol non calcaire, léger et bien drainé. Cela va de soi, l'oranger déteste les sols humides et les eaux stagnantes. Si le soleil est de la partie, plantez une motte achetée en conteneur un jour fruit de lune descendante. Protégez l'oranger des vents et préférez-lui une exposition au sud.
Les premières fleurs, très odorantes, apparaissent dès le mois d'avril alors que les fruits de l'année précédente sont encore fixés aux branches.

Récolte

Hors région méditerranéenne, mieux vaut cultiver des agrumes en bacs, afin de les rentrer sous serre l'hiver venu. Quelques fruits sont possibles en orangeraie, ils seront moins abondants et moins gorgés de soleil que des fruits poussés sur des sujets andalous ou plantés sur les hauteurs de la Côte d'Azur mais permettront tout de même un peu de fierté et beaucoup de saveur.

Conseil

Ajoutez lors de la plantation un peu de sable et du compost à la terre de plantation. Au cours de la période de végétation, griffez régulièrement le sol pour éviter que des eaux stagnantes n'entraînent le pourrissement de la base.

Le pépin d'orange se sème sous abri les jours fruit en lune montante : les 5, 6, 15 et 16 avril. Les pieds vendus en conteneur seront quant à eux plantés : les 23 avril et 22 mai.

Sol	Frais
Récolte	Du printemps à l'automne

Famille	Rutacées
Nom latin	*Citrus sinensis*
Catégorie	Fruit
Semis	Printemps et automne en lune montante
Plantation	Toute l'année en lune descendante
Ensoleillement	Maximum

Oseille

Cultivée comme des plants d'épinards, cette vivace délicieuse en potage est le régal des petits plats veloutés du cœur de l'hiver.

L'oseille fait partie des légumes-feuilles indispensables au jardin d'hiver.

Les petites graines rouges à brunâtres de l'oseille peuvent être semées à la volée au début de l'été les jours feuille des phases montantes de la lune. Dans un sol bien réchauffé, la levée s'effectue en une vingtaine de jours. Peu difficile, l'oseille se plaît en tout type de sols, bien que sa préférence aille tout de même vers les sols riches et profonds, dépourvus de calcaire.

Récolte

À l'aide d'un couteau, prélevez les feuilles au-dessus du collet environ trois mois après le semis. Lorsque la vitesse de pousse décroît, coupez à la main les feuilles du pourtour afin de permettre la croissance des feuilles au centre du plant.

Conseil

La multiplication des pieds est obtenue par semis de graines ou par division des touffes. Ces dernières, une fois replantées, ne seront vraiment productives que deux années après leur mise en place.

Pour la culture de l'oseille sous châssis, il est important de bien aérer les pieds en ouvrant régulièrement les vantaux afin d'éviter la condensation sous les vitrages.

Semis	Lune montante
Repiquage/plantation	Lune descendante
Taille/division/récolte	Lune descendante

Famille	Polygonacées
Nom latin	*Rumex*
Type	Légume-feuille vivace
Plantation	Début juillet à fin octobre, à la volée
Sol	Terre profonde, fraîche, riche en azote
Catégorie	Feuille

Pâtisson

Insolite et délicieux, le pâtisson est une cucurbitacée dont les formes originales et les saveurs agrémentent les recettes automnales.

Dans un panier d'osier, au milieu de coloquintes, le pâtisson peut être très décoratif.

Dans un sol frais et richement amendé de compost, les graines de pâtisson, plates et blanches seront semées à la volée les jours fruit en lune montante. Comme sa cousine la courgette, le pâtisson n'est pas très capricieux, mais il se sème un peu plus tard au cours de l'été, si l'on veut en égayer le jardin à l'automne. Arrosé régulièrement, le pâtisson demande un épandage régulier de compost, même compact. Le paillage des pieds garantit la fraîcheur le sol.

Récolte
Environ deux mois après le semis, les premiers pâtissons sont prêts à être récoltés.

Conseil
Si les fruits ne sont pas récoltés à maturité, ils peuvent ralentir la croissance des fruits plus petits, en cours de formation.

Si le nom de pâtisson est assez répandu, ces drôles de courges plates sont également identifiées comme artichauts de Jérusalem ou bonnets d'électeur.

Semis	Lune montante
Taille/division/récolte	Lune descendante

Famille	Cucurbitacées
Type	Légume fruit annuel
Plantation	Courant de l'été
Sol	Richement amendé
Catégorie	Graine-fruit

Piment et poivron

Piments et poivrons ont coutume d'apporter du soleil dans nos assiettes, probablement en raison de leurs origines d'Amérique du Sud et Centrale. Le poivron fait son apparition bien tard en Europe puisqu'il n'est importé qu'au XVIIIe siècle.

Séchés et moulus, les poivrons fournissent le paprika.

Dans un bac à semis, rempli de terreau finement tamisé, les graines doivent être réparties en jours fruit, lune montante, pour une meilleure levée. Recouvrez de quelques centimètres de terreau, humidifiez l'ensemble puis placez à la chaleur dans une mini-serre.
Il est important de repiquer les plants lorsque ceux-ci disposent déjà de quelques feuilles en lune montante. Cela permettra de fortifier les plants les plus vigoureux. Transplantés dans des godets de tourbe, les plants ainsi isolés seront replacés sous un abri. Aux mois de mai et juin, vient le temps de la plantation. N'hésitez pas à bien tasser le sol et à ne pas lésiner sur l'arrosage.

Récolte

Assez rapide, la première récolte peut se faire deux mois après la plantation, soit d'août à novembre et en pleine terre. À l'aide d'un sécateur, coupez délicatement le pédoncule.

Conseil

Les cousins latinos aiment la chaleur, il est donc préférable de les cultiver dans une région très ensoleillée et où le climat propice leur assurera un développement optimal.

Comme pour les plants de tomates, l'arrosage ne doit être effectué qu'aux pieds, afin d'éviter les maladies qui aiment à se développer sur le feuillage.

Semis	Lune montante
Taille/divion/récolte	Lune descendante

Famille	Solanacées
Nom latin	*Capsicum annuum*
Type	Annuelle
Plantation	Repiquage en pleine terre en saison chaude ; février / mars, en pépinières
Sol	Sableux, dénué de tout apport organique
Catégorie	Graine-fruit

Pois

Il amuse les plus jeunes et régale les plus grands, le petit pois est indispensable, même dans les plus petits jardins.

Délicieux cru quand il est dégusté directement au potager, le petit pois est l'un des rares légumes verts apprécié par toute la famille.

Il importe de distinguer, lors de l'achat, les petits pois à écosser des mangetout, dont les cosses sont également comestibles. À partir du mois de février et jusque fin avril, semez à la volée, ou en poquets, en jours fruit de lune montante les différentes variétés de pois à l'exception des précoces, semées au début de l'automne en régions tempérées.

N'attendez pas le développement des rames pour tuteurer les plants. Dès la levée, les pousses doivent pouvoir s'agripper à un support naturel.

Veillez à éviter les eaux stagnantes, pour éviter le pourrissement des pieds. Cependant, les pois ont souvent soif, offrez-leur par conséquent un arrosage quotidien, le matin ou le soir de préférence, afin que les feuilles humides ne grillent pas sous le soleil.

Récolte

Lorsque le contour des pois se dessine sous les cosses, la récolte peut débuter, à raison de deux fois par semaine. Les ramures de pieds des pois étant fragiles, une grande précaution doit être observée lors de la cueillette.

Conseil

Pour éviter de piétiner la parcelle, mieux vaut aménager, dès le semis, un petit chemin délimité d'étroites planches afin de ne pas accrocher d'un geste malheureux les frêles ramures des pieds de pois.

Les variétés de pois à grains ronds résistent mieux au froid et à l'humidité. Les pois à grains ridés, souvent plus gros, restent tendres et sucrés plus longtemps.

Semis	Lune montante
Taille/divion/récolte	Lune descendante

Famille	Fabacées
Nom latin	*Pisum sativum*
Type	Légume fruit annuel
Plantation	Fin février à fin avril, à la volée ou en poquets
Sol	Terre fraîche, bien aérée. Luminosité importante
Catégorie	Graine-fruit

Rhubarbe

Quel impressionnant pied charnu au fond du jardin… La rhubarbe, avec ses tiges pourpres et ses larges feuilles découpées, est aussi belle que délicieuse.

Les pieds de rhubarbe peuvent facilement être confondus avec des plants de poirée.

Par un jour feuille de lune montante, semez en poquets quelques graines de rhubarbe. Si vous optez pour une plantation, opérez par un jour de lune descendante. La rhubarbe se plaît sous des ensoleillements modérés et apprécie, les premiers mois, un arrosage abondant. La terre doit être profondément ameublie, riche en substrat organique. Dans ces conditions optimales de culture, la levée des graines s'effectue en 15 à 20 jours. Passés les premiers mois, une fois que la plante présente ses larges feuilles, le pied peut être boudé, il poursuivra seul sa croissance. La rhubarbe occupe généreusement l'espace. Cela peut être un atout dans des recoins du jardin où la végétation se fait rare, au pied de haies ou d'arbustes d'ornement, mais sa propagation peut devenir oppressante. Les mottes se divisent au printemps et les éclats de souche se transplantent dans des terres légères et bien drainées. En multipliant la plante par semis, les nouveaux pieds sont rarement fidèles à la plante mère.

Récolte

Avant de se lancer dans la confection de confiture de rhubarbe, il faudra s'armer de patience. Les pétioles ne pourront être récoltés qu'une vingtaine de mois après la plantation.

Conseil

Lorsque des fleurs apparaissent, supprimez-les sans scrupule. Une floraison trop abondante nuirait au développement des feuilles, qui sont la raison d'être de la culture de la rhubarbe en vue de sa consommation.

Évitez de consommer les feuilles de rhubarbe. Celles-ci peuvent être très toxiques. Plantation des pieds de rhubarbe : les 20 et 21 avril. Semis des graines de rhubarbe : du 11 au 14 avril et du 8 au 11 mai.

Sol	Frais, riche en compost
Récolte	Du printemps à l'automne

Famille	Polygonacées
Nom latin	*Rheum rhaponticum*
Catégorie	Feuille
Semis	Mars / avril en lune montante
Plantation	Mars / avril en lune descendante
Multiplication	Par semis ou division

Topinambour

Ses fleurs évoquent celles du tournesol, son goût celui de l'artichaut. Pourtant, le topinambour, aux formes noueuses très originales, n'a pas la place qu'il mérite dans nos assiettes ni dans nos jardins.

Le topinambour se consomme aussi bien cuit, à la vapeur ou en potage, que cru et râpé en salade.

Légume sociable et peu difficile, le topinambour se plaît en tout sol, avec une préférence pour les terres enrichies et profondément fumées. Au mois de février, en jours racine et lune descendante, enterrez les tubercules à 60 cm de distance sous 10 cm de terre bien ameublie, en zone ensoleillée ou mi-ombragée. Comme pour les plants de pommes de terre, le buttage des pieds est essentiel, dès que les plants atteignent une vingtaine de centimètres. L'arrosage n'est indispensable que par temps sec.

Récolte

Échelonnée de novembre à avril, la récolte ne s'effectue qu'au gré des besoins. Il n'y a pas de meilleure conservation pour le topinambour que son environnement naturel. Récoltez donc avec parcimonie et à l'aide d'un croc, pour ne pas blesser les tubercules enfouis en pleine terre.

Conseil

Meilleure pour les légumes cultivés, la rotation des cultures tous les trois ans évitera au jardinier de se laisser envahir par cette plante très généreuse d'une année sur l'autre. À son arrivée en France, au XVIIe siècle, le topinambour a failli détrôner la pomme de terre, mais son besoin d'espace a joué en sa défaveur.

En raison de la hauteur de leur tige et de leur important besoin d'espace, les pieds de topinambours devront être plantés dans une grande parcelle pour leur permettre un bon développement.

Semis	Lune montante
Taille/divion/récolte	Lune descendante

Famille	Astéracées
Nom latin	*Helianthus tuberosus*
Type	Vivace
Plantation	Février
Sol	Bien enrichi
Catégorie	Racine

Basilic

Utilisé dans la fabrication du pistou, le basilic confère à tous les plats une très belle saveur méditerranéenne.

Grand vert, pourpre, citron ou marseillais, le basilic se présente sous différentes formes et différentes saveurs.

En jours de lune descendante, semez en caissette les graines de basilic. Une fois les premières feuilles apparues, repiquez en godets en lune montante pour les fortifier. Au printemps, replantez en pleine terre en jours feuille et lune montante, afin que la partie aérienne du plant se gorge de saveurs. Lorsque la plante se développe, il est impératif d'en pincer les extrémités pour conserver sa densité. Cela évite la montée prématurée en graines et conserve l'aspect touffu du pied.

Récolte

Dès la fin du mois de juin ou le début du mois de juillet, coupez les tiges à l'aide d'un couteau ou d'un sécateur puis prélevez les feuilles selon les besoins quotidiens.

Utilisation

Installé au pied des tomates, le basilic agit comme répulsif des insectes. Dans nos assiettes, il est souvent consommé cru, pour accompagner les salades de tomates et les pâtes car il perd de sa saveur une fois cuit. Mais qu'il soit cru ou cuit, ses vertus digestives, sudorifères et anti-inflammatoires ne sont plus à démontrer.

Plantez quelques plants de basilic au pied des pieds de tomates afin de faire fuir certains insectes friands de fruits bien juteux.

Semis	Lune montante
Taille/division/récolte	Lune descendante

Famille	Lamaciées
Nom latin	*Ocymum basilicum*
Type	Plante condimentaire annuelle
Plantation	Avril / mai
Sol	Frais et bien drainé
Catégorie	Feuille

Menthe

Infusée en tisane, en agrément d'un plat oriental, ou juste parce qu'elle parfume subtilement les parcelles, la menthe est indispensable au jardin.

Quelques pieds de menthe disséminés çà et là attirent les insectes pollinisateurs.

Comme beaucoup de plantes aromatiques, la menthe peut-être semée en graines mais il est plus fréquent d'installer en pleine terre un pied acheté dans le commerce. Il s'en trouve facilement à partir du mois de mars mais mieux vaut attendre que le risque de gelée tardive soit totalement écarté en patientant jusque mi-avril dans certaines régions. Il convient dans tous les cas d'observer quelques règles d'observation lunaire. Ainsi, la plantation sera effectuée en jours feuille, phase de lune montante. Qu'elle soit poivrée ou verte, la menthe aime les sols légers et enrichis et apprécie un arrosage modeste.

Récolte

À partir du mois de mai, et avant que les fleurs ne fleurissent, ôtez les feuilles situées sur la partie supérieure de la tige. À chaque fin de saison, arrachez les pieds apparus par rejets sous peine de vous laisser envahir l'année suivante car la menthe est une plante… galopante.

Conseil

La menthe sent bon et nous attire indéniablement à en humer le parfum. Nous ne sommes pas les seuls à apprécier ce parfum et les abeilles aiment à butiner à proximité de la menthe. Cette dernière favorise donc, de façon indirecte, la pollinisation des fleurs du jardin.

Au bout de quelques années, n'hésitez pas à diviser les pieds de menthe pour éviter d'être envahi. Un pied ainsi prélevé peut être replanté ailleurs, effectuez le transplant en lune descendante.

Catégorie	Feuilles
Plantation	Lune descendante

Famille	Labiacées
Nom latin	*Mentha*
Type	Vivace
Plantation	Mars-avril
Floraion	Toute l'année
Sol	Frais, aéré

Raifort

Très fréquent dans les pays de l'Est, le raifort est également appelé moutarde d'Allemagne, en raison de son goût très marqué. Cet aromatique est cultivé pour le parfum de ses racines.

Le raifort est également très apprécié des Japonais puisque la précieuse racine est à l'origine du piquant wasabi nippon.

Enfin une plante aromatique qui se plaît sous les climats tempérés ! Le raifort apprécie les sols frais et riches, dans lesquels il sera planté par rejets de racines en lune montante, dès la mi-mars. L'alternance binage/arrosage est indispensable en été pour conserver la fraîcheur du sol et une bonne hydratation des racines.

Récolte

La patience s'impose. Plus la récolte sera tardive, au minimum un an après la plantation, plus les racines seront charnues. Ces dernières doivent être arrachées de préférence en hiver, d'octobre à mars.

Utilisation

Râpées, les racines de raifort rehaussent la saveur des plats consistants du cœur de l'hiver. Elles peuvent également agrémenter les pâtes et relever les crudités. En infusion, les racines de raifort sont un excellent stimulant pour l'organisme et le cœur.

Le raifort ne doit pas être confondu avec le raifort sauvage, dont les racines, également comestibles, ressemblent à de longs radis fins.

Semis	Lune montante
Taille/division/récolte	Lune descendante

Famille	Crucifères
Nom latin	*Armoracia rusticana*
Type	Vivace
Plantation	Mars
Sol	Frais et bien drainé
Catégorie	Racine

Romarin

Cultivé dans un pot ou en pleine terre dans les régions méditerranéennes, le romarin, également fréquent à l'état sauvage, a besoin de chaleur et de luminosité pour se développer.

Sous forme de condiment culinaire, d'huile essentielle ou en infusion, le romarin recèle de nombreuses vertus.

Semée d'avril à juin les jours de lune montante en pépinières, cette vivace comestible doit être replantée en place en lune descendante à partir du mois de septembre. Si le romarin se plaît sur les sols calcaires, il faut respecter une distance d'environ 50 cm entre les pieds.

Entretien

Peu capricieux, le romarin demande juste que lui soient ôtées ses branches mortes aux premiers jours du printemps, en jours feuille et lune descendante bien sûr. La division des touffes, à effectuer en lune montante pour une meilleure prise des greffons ou des branches repiquées, assurera la pérennité et la vigueur de la plante.

Utilisation

Ses branches sont un condiment qui agrémente de nombreuses recettes, mais la partie aérienne de la plante est également très prisée pour ses vertus digestives en raison d'une huile contenue dans ses feuilles. Indiqué en cas d'insuffisance hépatique et de ballonnement, le romarin agit directement sur les spasmes d'origine digestive, qu'ils émanent de l'intestin ou de l'estomac.

Le romarin apprécie particulièrement d'être planté le long d'un mur. Ce dernier emmagasine la chaleur qu'il restitue ensuite à la plante.

Semis	Lune montante
Taille/division/récolte	Lune descendante

Famille	Labiacées
Nom latin	*Armoracia rusticana*
Type	Vivace
Plantation	Avril à juin
Sol	Calcaire
Catégorie	Feuille

Sauge

Souvent présentée en moulin d'assaisonnement, la sauge est encore meilleure quand on la cultive soi-même dans son jardin, sous des cieux cléments.

Très odorante, délicieuse en condiment saucier, la sauge peut également être utilisée comme couvre-sol.

Même les mains les plus vertes devront se résoudre à bouder la culture de la sauge si leur potager est situé au nord de la Loire. La Salvia officinalis n'apprécie que les sols calcaires, les fortes chaleurs et demande beaucoup de soleil pour magnifier son feuillage vert/gris. Les semis en pleine terre ou la plantation par division de souches antérieures peuvent être effectués aux premiers jours chauds du printemps, les jours de lune montante.

Récolte

La récolte se fait à l'aide d'un petit couteau fin pour ne pas abîmer les tiges voisines, juste avant la floraison, soit cinq mois environ après la plantation. Les feuilles ainsi prélevées se prêtent parfaitement au séchage, avant d'être finement émiettées pour agrémenter sauces et poissons.

Utilisation

Outre ses qualités digestives, la sauge est surtout prisée pour son action sur les organismes féminins. En infusion, elle peut influer sur les cycles menstruels en les régularisant. Elle permet également d'amoindrir les effets de la ménopause, en particulier les bouffées de chaleur, sans toutefois les éradiquer totalement.

La variété de sauge tricolore présente un panachage de couleurs, du pourpre au vert en passant par le blanc, très décoratif en massif.

Semis	Lune montante
Taille/division/récolte	Lune descendante

Famille	Labiacées
Nom latin	*Salvia officinalis*
Type	Vivace
Plantation	Avril de préférence / toute l'année
Sol	Calcaire
Catégorie	Feuille

Thym

Il ne manque plus que le chant des cigales pour s'imaginer au cœur de la garrigue. Avec une botte de thym, cultivez la Méditerranée chez vous, dans un pot ou en pleine terre.

En bordure, le thym peut être utilisé simplement pour ses seules qualités décoratives et odorantes.

La levée du thym est rapide sous les climats ensoleillés. Pour optimiser son développement, son semis (ou sa plantation en pleine terre) sera effectué en lune descendante, dans un sol bien assaini. La division des touffes en vue de la multiplication des pieds, naturellement invasifs, devra être réalisée les jours feuille en lune montante. En région fraîche, la culture en pots et sous abri, les mois les plus froids et les moins ensoleillés, garantira une production à l'année.

Récolte

Les branches de thym peuvent être récoltées tout au long de l'année. Seules les extrémités doivent être coupées avec un sécateur afin de permettre la floraison ultérieure de la tige restée en place, ainsi que la conservation d'une touffe dense et bien ramifiée, exhalant les parfums.

Utilisation

En infusion, le thym a une propriété antitussive : il soigne quintes de toux et infections pulmonaires. Utilisé en association avec le charbon noir, le thym agit également sur les digestions difficiles et les ballonnements. Antiviral et stimulant, il peut aussi prévenir l'apparition de boutons d'herpès et de rhumes...

Cultivé en pot sur le rebord d'une fenêtre, le thym est un excellent répulsif à moustiques, au même titre que la lavande.

Semis	Lune montante
Taille/division/récolte	Lune descendante

Famille	Labiacées
Nom latin	*Thymus vulgaris*
Type	Vivace
Plantation	Avril / juin
Sol	Calcaire
Catégorie	Feuille

Verveine

Une subtile essence citronnée flotte au détour d'une allée… Un agrume ? Non, de la verveine ! Dans le carré des simples, la petite vivace mérite une place de choix.

Apaisante et délicieusement odorante, la verveine, une fois séchée et pillée, est la deuxième infusion préférée des Français.

Ne cultive pas de la verveine qui veut. Plante rustique, la verveine requiert des conditions autrement plus drastiques que la menthe pour se développer. La verveine aime la chaleur. L'idéal est de s'en procurer en godets, de façon à garantir une meilleure reprise en pleine terre que par un semis dont les conditions de levée ne sont pas toujours réunies. Le petit arbrisseau se plaît en situation chaude, dans un sol léger. Semez en poquets si vous ne résistez pas à la tentation d'un parterre de verveine, ou plantez en pleine terre en jours feuille et en lune montante.

Récolte

Avant que les feuilles ne fanent et les tiges ne flétrissent, pensez à constituer des réserves de verveine. Les feuilles et fleurs, séchées à l'air libre ou posées dans une coupelle sur un radiateur seront ensuite broyées à l'aide d'un petit pilon de bois. Il ne restera plus qu'à diviser le concassage et à le répartir dans de petits sachets de mousseline, pour s'assurer des nuits sereines l'hiver venu, après une infusion faite « jardin ».

Conseil

La culture en pot permet un repli pendant l'hiver car la verveine ne supporte pas les températures en dessous de 0. À la fin du mois d'avril, elle pourra alors retrouver sa place au jardin en toute sérénité.

Dans le centre de la France, une tradition voulait que soit offert à la personne convoitée un brin de verveine le jour de la Saint-Jean. Si celui-ci l'acceptait, les noces pouvaient être célébrées !

Catégorie	Feuilles / fleurs (tout dépend l'usage)
Plantation	Lune descendante

Famille	Verbénacées
Nom latin	*Lippia citriodora*
Type	Vivace
Plantation	Printemps
Floraison	Juillet / août
Sol	Frais, aéré

Angélique

Derrière son apparente fragilité, l'angélique est excellente pour lutter contre la fatigue et l'asthénie. On lui prêtait même des pouvoirs occultes. Aujourd'hui, on lui prête juste d'apaiser les brûlures d'estomac et d'aider à surmonter l'anxiété passagère et les coups de fatigue.

L'angélique n'est pas seulement décorative, elle est également curative.

On la rencontre le plus souvent à l'état sauvage au bord des chemins. Pourtant, l'angélique s'avère très décorative en massif, grâce à son port mince surmonté de grandes ombelles verdâtres, parfois blanches. Semez l'angélique les jours racine ou feuille de lune montante, dans une zone ombragée. L'angélique ne se plaît pas en pot, elle a besoin d'espace pour s'égayer et de terre humide pour se sentir à l'aise.

Récolte

L'angélique est une plante bisannuelle. Elle se récolte au début de l'été et à l'automne. Cultivée pour ses vertus stimulantes, la racine sera arrachée au bout de deux années, avant d'être coupée en fins morceaux puis séchée. Elle entrera alors dans la préparation d'infusions. Pour la consommation des feuilles, afin de prévenir les digestions difficiles, prélevez les tiges dans leur intégralité dès le mois de juin puis faites sécher tête en bas dans un endroit sec et sombre.

Conseil

L'angélique ressemble à s'y méprendre à la redoutable ciguë. Pour éviter de vous faire piéger, froissez dans vos mains les feuilles prélevées puis humez le parfum qui s'en dégage. Si celui est désagréable, il s'agit de ciguë, impropre à la consommation. Au contraire, si l'essence est parfumée et plaisante, mettez l'eau à bouillir !

Certains grands fervents de la médecine par les plantes n'hésitent pas à vanter les mérites de l'angélique comme aussi efficace que le ginseng, sinon davantage, pour rester en forme toute l'année.

Arrosage	Modéré
Récolte	Juin / juillet et septembre

Famille	Ombellifère
Nom latin	*Archangelica*
Catégorie	Légume-feuille
Semis	Mars à mi-mai en lune montante
Plantation	Avril / mai en lune descendante
Sol	Tous types. Ensoleillé

Bourrache

Fleur violacée et duveteuse, tige au duvet piquant… Contrairement aux apparences, la bourrache est un véritable régal, cultivée tant pour sa beauté que pour ses qualités gustatives.

Jolie et savoureuse, la bourrache mérite une place ensoleillée au jardin.

Un sol bien aéré, une terre riche et légère : un véritable jardin d'Éden pour la bourrache, qui se sème (en lune montante) ou se plante (en lune descendante) en place au début du printemps, une fois les risques de gelées tardives écartés. Les feuilles et les fleurs étant toutes deux comestibles en soupes, salades, sauces et boissons fraîches, la plantation pourra être effectuée tant en jours feuille qu'en jours fleur. Mais attention : la bourrache a besoin de beaucoup d'espace. Réservez une bonne trentaine de centimètres autour de chaque pied.

Récolte

Très efficaces contre les problèmes dermatologiques et afin d'éradiquer un rhume naissant, les feuilles de bourrache en infusion sont un véritable gage de santé. Elles se récoltent à partir du mois de mai, fin avril dans certaines régions. Il est possible de profiter des vertus de la bourrache officinale jusqu'à la fin du mois de septembre.

La bourrache avait notamment une place de choix dans les jardins de simples, au Moyen Âge. Elle entrait déjà dans la composition de nombreux remèdes.

Conseil

Comment donner de la couleur à un cocktail de fruits et impressionner ses invités ? En ajoutant à la préparation des glaçons une petite fleur de bourrache, qui ne manquera pas de susciter des interrogations et émerveillera les plus jeunes !

Une infusion de bourrache est idéale pour se réchauffer rapidement après un coup de froid, et éviter le rhume.

Sol	Frais, aéré
Catégorie	Fleurs

Famille	Borraginacées
Nom latin	*Borrago officinalis*
Type	Annuelle
Semis	Printemps / automne
Semis	Lune montante
Floraison	Mai à septembre

Camomille

Idéale contre les troubles féminins et pour faire baisser la fièvre, la camomille est certainement la plante médicinale la plus parfumée à consommer en infusion. Elle fleure bon la pomme et constitue un excellent couvre-sol sur les talus écrasés de chaleur où rien ne pousse.

Sous ses airs de sage marguerite, la camomille présente de nombreuses vertus.

La camomille romaine présente, outre ses qualités esthétiques au jardin, de nombreuses vertus en infusion. Très souvent employée en cosmétologie et dermatologie, la camomille est préconisée dans le traitement du psoriasis et de l'eczéma. Elle peut également apaiser les douleurs liées aux troubles menstruels car elle possède des vertus antispasmodiques. Dans un sol léger et bien drainé, semez en jours fleur de lune montante à partir de la mi-avril. En pot, les arrosages devront être plus nombreux qu'en pleine terre. Par temps très froid, pensez à pailler le pied bien serré car la camomille ne résiste pas aux fortes gelées. Courant mars, à la sortie de l'hiver, il est important de tailler la camomille, afin qu'elle ne buissonne pas avec trop d'ampleur.

Récolte

À partir du mois de juin, la deuxième année de floraison, les premières fleurs pourront être coupées et séchées à l'abri de la lumière dans un endroit sec. La floraison se poursuit jusqu'à l'automne, mais mieux vaut récolter les fleurs destinées à la consommation aux premiers jours de l'été.

Conseil

Lorsque les fleurs sont encore fraîches, rassemblez-en quelques-unes dans des petits sachets de mousseline à répartir dans les placards où sont entreposés des produits malodorants.

La camomille est semée les jours fleur en lune montante.
Les 4 et 10 avril. Les 1er et 7 mai.
Les 2 et 4 juin.

Arrosage	Modéré
Récolte	D'avril à septembre

Famille	Asteracées
Nom latin	*Chamaemelum nobile*
Catégorie	Légume-feuille
Semis	Avril / mai en lune montante
Plantation	Avril / mai en lune descendante
Sol	Tous types. Ensoleillé

Marjolaine

Originaire du bassin méditerranéen, la marjolaine, proche de l'origan, rehausse nombre de plats. Elle est cultivée en Europe depuis l'Antiquité.

Ajouter quelques feuilles de marjolaine à des plats qui mijotent c'est un peu comme inviter les pays orientaux à sa table...

La marjolaine cache un peu son jeu. Plante vivace, elle se cultive telle une plante annuelle, en pleine terre ou en pots. Semée en lune montante au printemps, elle se divise et se multiplie par touffes en lune descendante, les jours feuille. En raison de ses origines chypriotes, la marjolaine déteste le froid et l'humidité. Évitez donc les eaux stagnantes. Préférez-lui un sol léger, bien drainé, plutôt qu'une terre compacte et lourde. Dès le mois d'avril, vous pouvez semer en place. Il n'y a pas besoin de repiquer les plants.

Récolte

La marjolaine est surtout cultivée pour la consommation de ses feuilles, fraîches ou séchées. Le mieux est de récolter les feuilles tôt le matin, afin qu'elles soient encore gorgées d'humidité. Son goût est proche de celui du thym.

La marjolaine doit être ajoutée en toute fin de cuisson, car elle imprègne très rapidement le jus des viandes.

Famille	Labiacées
Nom latin	*Origanum majorana*
Type	Annuelle / plante condimentaire
Plantation	Avril
Floraison	Juillet / août
Sol	Frais, aéré

Catégorie	Modéré feuilles / fleurs (tout dépend l'usage)
Plantation	Lune descendante

Edigo

60, rue Vitruve, 75020 Paris

Imprimé en Italie par Gruppo Editoriale Zanardi srl Viale delle Industrie 11/13
33085 MANIAGO – PN-Italie

ISBN : 978-2-35933-068-7